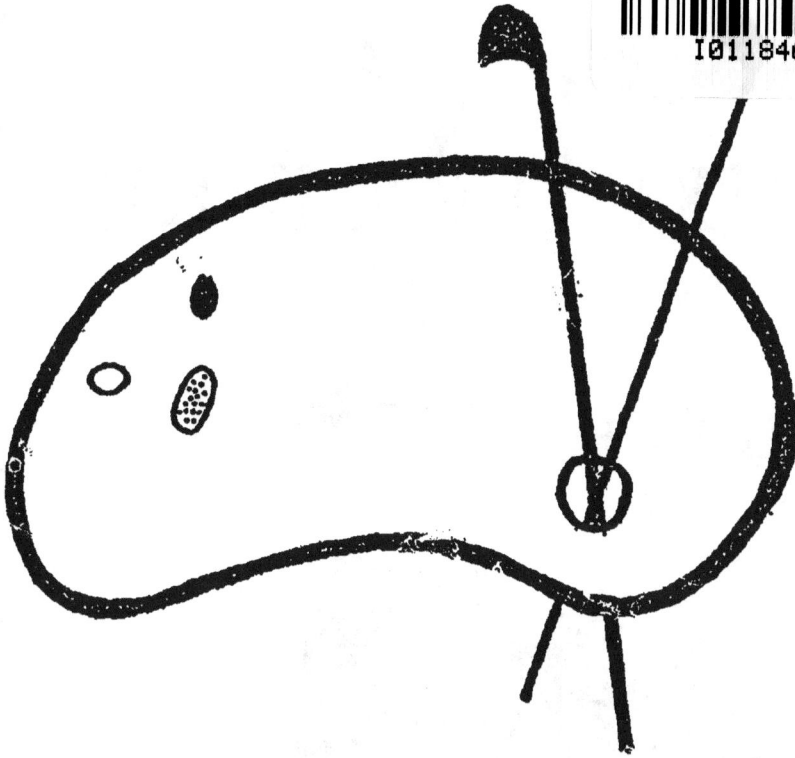

COUVERTURE SUPÉRIEURE ET INFÉRIEURE
EN COULEUR

LE
LUXE DES LIVRES

PAR

L. DEROME

PARIS

LIBRAIRIE ANCIENNE ET MODERNE

ÉDOUARD ROUVEYRE

1, Rue des Saints-Pères, 1

1879

A UN

BIBLIOPHILE

Établissement d'une Bibliothèque. — Conservation et Entretien des Livres. — De leur Format
et de leur Reliure. — Moyens de les préserver des
Insectes. — Des Souscriptions et de la Date. — De
la Collation des Livres. — Des Signes distinctifs
des anciennes Éditions. — Des Abréviations
usitées dans les Catalogues pour indiquer les
Conditions. — De la Connaissance et de l'Amour
des Livres. — De leurs divers degrés de Rareté.
— Moyens de détacher, de laver et d'encoller les
Livres. — *Procédés divers pour l'arrangement et
la restauration des estampes et des livres.* — Du
dédoublage et du racommodage des estampes. —
Réparation de la dorure des anciennes reliures et
de celle des manuscrits. — Réparations des piqûres de vers, des déchirures et des cassures dans
le parchemin et dans le papier. — Procédé pour
renouveler une estampe et la transporter d'une
feuille sur une autre. — Moyen de rendre la
fraîcheur aux estampes, suivant le Père Orlandi.

PAR

ÉDOUARD ROUVEYRE
TROISIÈME ÉDITION
REVUE, CORRIGÉE ET AUGMENTÉE

Un magnifique volume in-8° couronne
de plus de 250 pages, imprimé sur papier
vergé, nombreux fleurons typographiques,
lettres ornées et culs-de-lampe imprimés
en couleur, titre rouge et noir. . . . 5 fr.

DIJON, IMP. DARANTIERE

LE

LUXE DES LIVRES

JUSTIFICATION DES TIRAGES

DE LUXE

				Numéros.
4 Exemplaires imprimés sur parchemin.	1 à	4
6 » » sur papier du Japon . . .	5 à	10
10 » » sur papier de Chine. . .	11 à	20
30 » » sur papier Whatman. . .	21 à	50

CINQUANTE

Exemplaires imprimés en couleur
sur papier Whatman
Nᵒˢ 51 à 100

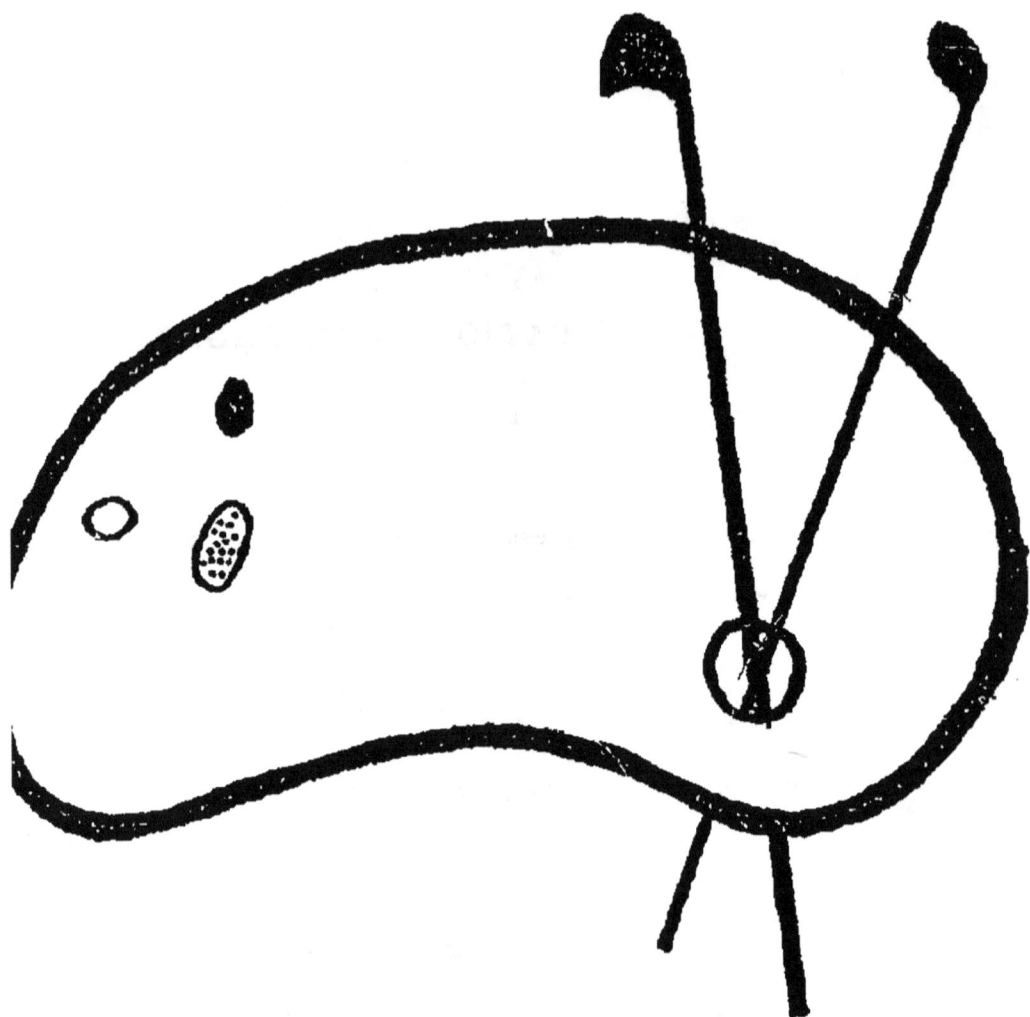

ORIGINAL EN COULEUR
NF Z 43-120-8

LE

LUXE DES LIVRES

L. DEROME

PARIS

LIBRAIRIE ANCIENNE ET MODERNE

ÉDOUARD ROUVEYRE

1, Rue des Saints-Pères, 1

1879

©

AVANT-PROPOS

CEUX *qui recherchent les livres rares et ne sont point des gens de lettres, des savants, des professeurs ou des lettrés, sont de la part de ceux-ci l'objet d'une mauvaise humeur voisine du mépris, sinon de la haine. Il y a plus de rancune que de mépris dans cette malveillance. Les amateurs sont des concurrents inattendus, des concurrents devant lesquels on est souvent obligé de baisser pavillon, parce qu'ils sont riches et emploient leurs écus en guise d'arguments. L'argent est, en effet, un argument décisif en pareille matière. Les meilleurs tropes d'Aristote n'ont pas le privilége de l'émouvoir. Il lui suffit de se présenter pour vaincre et, à première vue, son intervention est vraiment agaçante.*

Il n'y a pas longtemps que les livres rares, les éditions précieuses, les incunables du xve *siècle, les impressions primitives de nos écrivains nationaux étaient, pour ainsi dire, à la portée de tout le monde; il était facile de se les procurer sans sacrifice onéreux; leur bon marché relatif les rendait accessibles aux fortunes les plus médiocres. Du moment que la mode est venue de les posséder, de s'en faire un titre à la considération, un moyen de flatter sa vanité, de les regarder en un mot comme des objets d'art et d'ameublement, qu'il a été de bon goût d'avoir une bibliothèque composée d'œuvres de choix, ornées d'une reliure splendide, les livres rares ont acquis une valeur de fantaisie, qui a fait de leur possession un attribut à peu près exclusif de la richesse; ç'a été le cas de répéter :* Plutus regnat, imperat, vincit. *Il y eut des protestations et même des grincements de dents. Les gens de lettres —* genus irritabile vatum — *les savants, qui sont bilieux par tempérament, dérangés dans leurs habitudes, frustrés dans leur innocente convoitise, dépouillés sans pitié de ce qu'ils étaient accoutumés à regarder comme leur bien, se sont plaints d'avoir à renoncer ainsi à l'héritage séculaire de leur caste. Ils n'ont donc pas manqué une occasion de verser à flots le ridicule sur les* publicains *qui s'étaient si ma-*

lencontreusement *introduits dans leur vigne;
ils ont cherché à faire du bibliophile, de l'amateur, du collectionneur étranger à la confrérie
de sainte plume une tête de turc. Ce sont,
répètent-ils à l'envi, des maniaques, des igno-
rants vaniteux, des ventrus, quand ce ne sont
pas des agioteurs qui spéculent sur les livres
comme on spécule à la Bourse.*

*Cette belle colère n'a pas de motifs; elle est
d'autant plus inopportune qu'elle est inutile,
car les choses iront après comme devant. Il
faut savoir tolérer ce qu'on n'a pas le pouvoir
d'empêcher. D'abord les livres d'usage, les
seuls à peu d'exceptions près qui soient nécessaires aux gens de lettres et aux savants, ne
sont pas plus chers aujourd'hui qu'autrefois.
Ils n'ont pas eu à souffrir dans ce qui touche
à l'exercice de leur profession.*

*La plus-value extraordinaire qu'ont acquise
les livres rares n'intéresse que leur amour-propre
et leur goût d'amateurs. Sans doute l'acquisition des livres rares est désormais interdite à
beaucoup d'entre eux : ce n'est que l'amour de
la propriété qui est atteint dans leur personne.*

*Au lieu de les avoir dans leur cabinet ils
les iront voir dans les bibliothèques publiques,
fondées à leur intention. Ils se plaignaient*

jadis qu'il n'y eût pas de bibliothèques pu-
bliques destinées à les aider dans leurs tra-
vaux. C'était vrai; mais ils sont à cet
égard infiniment plus favorisés que leurs
devanciers.

Au commencement du XVIIe siècle, il n'y
avait que trois bibliothèques publiques en
Europe : la bibliothèque ambrosienne érigée en
1608 à Milan par le cardinal Borromée; la
bibliothèque Bodléienne ouverte à Oxford en
1612; la bibliothèque angélique à Rome
(1620), œuvre d'Angelo Rocca. En France,
il n'y en avait pas. La première, ouverte au pu-
blic à partir de 1643, fut celle du cardinal
Mazarin qui porte encore le nom de bibliothèque
Mazarine : celle de l'abbaye de Saint-Victor
devint publique en 1652. On en ouvrit d'autres
à Paris dans le cours du XVIIIe siècle : celle
des avocats, au Palais de Justice en 1708;
celle du roi, Bibliothèque nationale, en 1736;
celle de l'église Sainte-Marguerite en 1738;
celle de l'abbaye de Saint-Germain-des-Prés
en 1745; celle de l'Ecole de médecine en 1746;
celle de l'abbaye de Sainte-Geneviève en 1759;
celle de la ville de Paris, Hôtel de Ville,
en 1763; celle de la Faculté de théologie, à
la Sorbonne, en 1770. Il y en a maintenant

plus de cent cinquante à Paris, y compris les
bibliothèques spéciales, comme celle du Muséum
d'histoire naturelle et celle de l'Institut. Ce ne
sont pas les livres qui manquent à ceux qui
ont envie de s'en servir. Sans doute, si l'on en
est réduit à ceux qui existent dans les dépôts
publics, il est nécessaire de se déranger pour
les consulter, mais il a toujours fallu se déranger plus ou moins; il n'y a pas de collection
privée qui puisse suffire à tous les besoins.

Mais ce n'est pas de quoi il s'agit. Les
plaintes formulées par les gens de lettres sont
injustes. Le goût des livres s'est répandu. Au
lieu d'en être mécontents, ils devraient s'en féli-
citer. Cela démontre qu'on fait cas de ce qu'ils
écrivent, qu'ils occupent au sein de la société
moderne une place considérable, nouvelle, im-
prévue, que leur condition est supérieure à ce
qu'elle a été jusqu'ici, eu un mot qu'ils
tiennent le haut bout dans un monde où ils ont
été longtemps des parasites, où ils ne formaient
qu'une domesticité particulière. Ils ne se sou-
viennent pas d'avoir succédé auprès des grands
aux nains et aux bouffons, d'avoir vécu durant
de longs siècles de pensions et d'aumônes, dans
une situation intermédiaire entre celle d'artiste
ambulant et celle de valet de chambre. Ce ne

sont plus des jongleurs à qui on fait don d'un habit le lendemain d'une fête où ils ont joué un rôle. Le temps est loin où Marot se vantait sur le titre de ses ouvrages de la qualité de valet de chambre du roi. Même au XVIIe siècle, Molière était valet de chambre du roi, Madame de Sablé ayant diminué son train de maison écrivait qu'elle n'avait gardé que son chat, son chien et La Fontaine; La Bruyère amusait à table le prince de Conti.

Aujourd'hui, ils sont émancipés, ne dépendent que du public qui est un protecteur plus généreux, qui respecte leur dignité et, quand ils ont du talent, les récompense par la richesse du plaisir qu'ils lui donnent. Ils peuvent parvenir à tout, même au pouvoir. Il y a vingt journalistes du XIXe siècle qui sont devenus ministres. Frédéric Soulié a refusé le Conseil d'Etat; il y en a qui refusent davantage. La considération dont ils sont investis les a rendus l'objet de l'envie. Dans la vie privée comme dans le domaine de la politique, il n'y a point de carrière à laquelle il leur soit interdit de prétendre. Sous le dernier empire, on a vu de simples critiques littéraires entrer au Sénat. Est-ce le cas d'envier à quelques parvenus la satisfaction qui consiste à jouir d'une bibliothèque? Allons plus loin : les livres ne sont pas faits pour eux, puisque ce sont eux qui les font. Quand ils se plaignent de n'en pouvoir acheter, ils ressemblent à un industriel qui se plaint de ce que son produit a de la vogue. Les livres sont les produits spéciaux de l'industrie des gens de lettres. Ceux-ci devraient êtres fiers de la faveur qu'ils obtiennent, de la concurrence qui se dispute leurs œuvres. Cette concurrence témoigne du prix qu'on attache maintenant aux créations de la pensée. Le règne des livres, c'est le leur. D'autre part, les livres existent surtout à l'intention de ceux qui n'en écrivent pas. Ils n'ont que ce moyen de s'associer à la vie intellectuelle. Bref, ceux qui achètent et collectionnent des livres sont les clients des gens de lettres. Cette disposition du public n'est même pas sans inconvénient; elle a provoqué l'avénement de la littérature industrielle qui n'est peut-être pas un progrès.

Nous savons bien que cette opinion n'a pas cours. Les esprits chagrins qualifient d'âge de papier la civilisation lisante qui nous envahit. Ils sont quinze ou vingt en Europe qui professent cette doctrine saugrenue. Ce sont les réfractaires du progrès, des excentriques. Les *autres, à l'unanimité, crient aux gens de lettres :*

> *Vous qui de l'avenir creusez les vastes champs*
> *Et jetez du progrès la semence céleste,*

venez qu'on vous couronne de fleurs. Grâce à vous, un nouvel ordre de choses est à l'horizon : novus ordo rerum nascitur; *vous êtes les prêtres de la pensée, vous travaillez à l'avénement d'un idéal supérieur, vous êtes des prophètes.*

Eh bien ! les amateurs de livres rares sont de cet avis, puisque des bouquins dont les sages et les moralistes aiment tant à médire ils font leurs dieux lares.

LE LUXE DES LIVRES

ANS le mobilier de la société cultivée, le livre tient la place d'honneur ; il est le symbole de la supériorité de l'homme et celui de la civilisation sur la barbarie. Il supplée à la mémoire qui fut le livre des temps primitifs. Durant de longs siècles, la mémoire a été le seul dépôt des notions fournies par l'expérience et des chants par lesquels se transmettaient les souvenirs et les espérances de tous, la tradition des ancêtres, les actes publics, la pensée des morts. En Orient, où la tradition orale est encore une sorte de religion qui survit à la découverte de l'écriture, l'éducation de la mémoire continue d'être l'objet d'un soin particulier, car la mémoire est préférable à l'écriture, qui est, dit-on, une chronique froide déposée sur une matière inerte, tandis que la mémoire est un livre précieux que l'imagination nourrit et conserve avec les attributs de la vie. Les adeptes de la tradition orale y soutiennent que les choses perdent à être ensevelies sous une formule trop précise les trois quarts de leur sens, celui des circonstances, par exemple, que l'intonation seule peut rendre avec fidélité, que l'écriture n'est propre qu'à transmettre le squelette de la vérité. On la déguise d'ailleurs à dessein, ajoutent-ils, parce qu'une fois sortie de la bouche de celui qui la possède elle ne lui appartient plus et qu'il consent avec peine à se dépouiller entièrement de ce bien, le meilleur de tous les biens.

Quoi qu'il en soit, le livre est maintenant à peu près le seul moyen que la pensée puisse avoir de se perpétuer. Il y a longtemps déjà qu'il jouit de ce privilége qu'il n'a pas obtenu sans difficulté. Il n'a d'abord été qu'une inscription conservée dans le palais des princes ou dans le sanctuaire des temples. Mais qu'il ait été gravé sur une pierre, sur une lame de plomb ou sur une plaque d'airain, il se propose uniformément de faire connaître à la postérité les événements mémorables, les noms des grands hommes, le texte des lois, les institutions et les mœurs, en un mot le passé tout entier de l'espèce. Qu'on le suppose un moment supprimé; il est possible que la civilisation ne soit pas détruite, mais elle subirait à coup sûr un échec immense.

I

LE MAL QU'ON A DIT DES LIVRES

A satire est un fouet qui ne ménage rien; peut-être est-elle le sel dont il faut qu'on assaisonne les choses afin de les empêcher de se corrompre. On abuse de tout en effet; on abuse de la vertu, de la gloire, du génie, autant au moins que du pouvoir, bien que cela ne fasse pas autant de bruit dans le monde. On a donc abusé des livres. L'abus des livres, c'est le luxe des livres. Il était sensible chez les Romains, même aux yeux des barbares de l'époque des invasions. Laisse donc, disait un chef germain à un de ses subordonnés qui lacérait les feuilles enluminées d'un

manuscrit, tant que les Romains s'amuse-
ront à ces joujoux-là, ils ne seront pas à
craindre pour nous. Ce chef germain avait-
il raison ? Oui, certes, dans le cas actuel.
Le livre enluminé du lettré de la décadence avait perdu sa destination ; il n'était
plus qu'un objet d'ameublement, c'est-à-
dire un jouet de la vanité, une part du
luxe qui avait amolli et désarmé le peuple-
roi. Le mépris des livres et de l'instruction
qu'il représente était dès lors un article de
foi chez les hommes du nord. Il témoignait
de l'estime brutale qu'ils accordaient au
glaive sur le droit et sur l'esprit. Il s'est
transmis aux générations féodales du
moyen âge. Quand on lit au bas d'une
charte : « Un tel a déclaré ne savoir signer
attendu sa qualité de gentilhomme », ce
n'est pas une vaine formule mais un trait
de mœurs remarquable. Le métier de
scribe était devenu un métier servile, in-
digne d'un homme de qualité. Le préjugé
subsista en France jusqu'au XIIIe siècle.
Villehardouin raconte dans sa chronique
que, lors de la prise de Constantinople par

les Croisés (1205), les barons français se promenaient dans les rues de la ville, une plume d'or sur l'oreille et une écritoire à la ceinture, en guise de dérision. Cela voulait dire que les Grecs du Bas-Empire, qui avaient remplacé l'épée par la plume, devaient voir maintenant qu'une épée leur eût été plus utile. Ce n'était qu'une raillerie de soldat, mais elle venait à propos.

Les stoïciens avaient devancé le mépris des Germains et des barons féodaux. Qu'Euripide, Euclide, Aristote eussent possédé des collections de livres, ils n'apercevaient là rien qui ne fût très naturel : les livres étaient, chez les poètes, les savants et les philosophes, des instruments professionnels ; ils pardonnaient à Hérode Atticus de faire copier à grands frais des manuscrits, aux rois de Pergame d'inventer le parchemin, de fonder des bibliothèques, aux Ptolémées de réunir dans la ville d'Alexandrie les trésors intellectuels de l'ancien monde ; ils approuvaient Asinius Pollion, Jules César, Octave et ses

successeurs d'avoir fait à Rome ce que les
rois d'Egypte avaient fait à Alexandrie.
Mais ils distinguent toujours les collections
d'apparat des collections utiles. Il est vrai
que Sénèque, qui a écrit à lui seul de
quoi composer une bibliothèque, ne fait
pas cette distinction. « Que me font, dit-il*,
ces bibliothèques, ces livres innombrables,
dont le maître pourrait à peine lire les
titres s'il y employait toute sa vie ? La
quantité accable l'esprit et ne l'instruit
pas.... Alexandrie vit brûler quatre cent
mille volumes **, superbe monument de
l'opulence des rois. Que d'autres le vantent
avec Tite-Live, qui dit que ce fut une
œuvre de goût et de sollicitude royale.
Pour moi, je n'y vois ni goût ni sollicitude,
mais un luxe scientifique : que dis-je,
scientifique ? ce n'était pas en vue de la
science, mais d'en faire parade qu'on ras-
sembla ces collections. C'est ainsi que bien
des gens, qui n'ont pas même autant de

* *De la Tranquillité de l'Ame*, ch. ix.
** Ce ne sont donc pas les chrétiens du vᵉ siècle
qui ont brûlé la bibliothèque des Ptolémées.

littérature que des esclaves, ont des livres,
non comme objet d'étude mais afin d'en
faire l'ornement de leur salle à manger. —
Mon argent, dis-tu, sera mieux employé
à ces dépenses qu'en vases de Corinthe ou
en tableaux. — En toute chose, l'excès
est un vice. Qu'est-ce qui te rend si indul-
gent pour ceux qui achètent des armoires
de cèdre ou d'ivoire, font des collections
d'auteurs inconnus ou méprisés, bâillent
au milieu de cette foule de livres et
n'en apprécient que le dos et les titres?
Ainsi ce sont les oisifs chez qui on trouve
tout ce qu'il y a de poètes et d'historiens, dans des rayons élevés jusqu'aux toits. Car aujourd'hui, même
dans les thermes, on rencontre une bibliothèque, ornement obligé d'une maison respectable. Je le pardonnerais à un
excès de zèle pour l'étude; mais on n'a-
chète ces beaux génies et leurs œuvres
ornées de leur portrait qu'en vue de la
décoration et de l'embellissement des
murailles. »

L'humeur de Sénèque est excessive :

on pourrait lui faire une objection *ad homi-
nem* en lui demandant pourquoi il a une
plume d'or et un bureau incrusté de pierres
précieuses. Ce serait un assez pauvre argument. Il a raison de montrer le ridicule
que se donnent certaines gens qui ont
envie de laisser croire qu'ils ont plus de
littérature qu'ils n'en ont en effet. Mais
l'abus ne doit pas déconsidérer l'usage.
L'amour des livres, même chez un imbécile, est un hommage rendu aux lettres.
On en peut faire un luxe dans les lieux
publics, comme chez les Romains, qui en
décoraient les thermes et les murs de leurs
salles à manger. Alors poursuivez le luxe
et le libre emploi des richesses. Si on
l'admet, et il est indispensable de l'admet-
tre dans un état de civilisation avancée,
celui des livres en atténue la vanité; ils
témoignent au moins d'une éducation raf-
finée ou de prétentions à l'avoir reçue et
ne sont pas d'un si mauvais exemple.

Si Sénèque vivait de nos jours, il
assisterait à un spectacle un peu plus
ridicule; non que les bibliothèques pu-

bliques et privées du XIXᵉ siècle soient comme à Rome une pure superfétation, quelques-unes ont une utilité de premier ordre; mais en examinant de près à quels motifs sont ordinairement dus leur fondation et leur entretien, il est permis de concevoir, de l'utilité de plusieurs d'entre elles, une opinion chétive. Prenons, si vous voulez, les bibliothèques populaires. De la manière dont la plupart sont composées et fréquentées, il vaudrait autant mettre du foin et un râtelier dans le local qu'elles occupent. Elles sont l'œuvre d'un maire qui veut avoir des suffrages au scrutin de l'année prochaine, d'une municipalité ambitieuse de laisser une trace de son passage aux affaires, d'un candidat au conseil général ou à la députation qui a besoin de réchauffer le zèle des électeurs. Le dernier objet de leur souci est l'utilité qu'on en peut tirer. C'est un prétexte à se réunir et à festoyer, le jour de l'inauguration. Entrez dans l'établissement, il n'y a pas d'installation pour les lecteurs qu'on n'attend pas; ouvrez le

catalogue, quand par hasard il y en a un,
vous verrez que la bibliothèque se compose
du fonds de magasin d'un libraire qui a
fait faillite, d'ouvrages souscrits à quelque
œuvre de propagande véreuse. Le mieux
qui puisse arriver est qu'un philanthrope
du cru ait fourni la bibliothèque de livres
relatifs à l'agriculture, à la pêche, à l'élève
des abeilles ou des cochons de lait. Trois
mois après l'ouverture, il y vient un lecteur
par quinzaine; l'année suivante, il n'en
vient plus du tout, et l'araignée file sa
toile en silence dans la salle déserte. Entrez maintenant dans la bibliothèque com-
munale d'une grande ville de province;
l'intérieur a un aspect lamentable; la poussière et le désordre y ont élu domicile;
il y a un bibliothécaire à qui on donne le
traitement d'un concierge et qui va voir
une fois par semaine comment se portent
les livres commis à sa garde. Ils se portent mal; ils pourrissent dans les coins
faute de reliure et de soins. On pourrait
citer plus d'une bibliothèque publique de
Paris ou il entre chaque année des milliers

de volumes qui seront détruits avant un demi-siècle, faute de reliure, où les livres rares, qu'il serait impossible de remplacer, tombent en lambeaux parce qu'ils ne sont pas conservés, c'est-à-dire pourvus d'un vêtement qui les garantisse de la poussière et permette de les toucher sans les désarticuler. Il n'est encore venu à l'idée de personne qu'il vaudrait mieux avoir moins de livres et consacrer à l'entretien de ceux qu'on possède déjà l'argent qu'on dépense à en acheter d'autres à qui le même sort est réservé.

Ces misères n'existaient pas au temps de Sénèque, où le privilége de posséder des livres était tout à fait aristocratique. Cette passion des livres était venue d'Orient, par l'Asie-Mineure et la Grèce. Elle était commune en Italie bien avant l'établissement de l'Empire. Paul-Emile fut, dit-on, le premier parmi les patriciens romains qui possédât une collection de livres; il l'avait conquise lors de son expédition en Macédoine ; ç'avait été sa part de butin. Dès cette époque, les mœurs de l'Orient eurent vite acclimaté à Rome le goût des livres. Il ne fut pas un goût isolé. On collectionna des livres comme on collectionnait des vases de Corinthe, des tableaux, des statues, des objets d'ameublement. Les lettres y eurent directement peu de part comme à l'habitude prise dans les familles patriciennes de faire élever leurs enfants par des précepteurs grecs, de leur procurer des maîtres de danse, d'introduire au barreau des professeurs de déclamation, des philosophes dans les écoles. On avait spolié les nations, on était riche. Les jouissances de la richesse, ce sont le luxe et les arts; on adopta les livres comme le reste.

Le mécontentement de Sénèque dérive de là. Il ne considère dans les collections de livres comme dans l'amollissement des mœurs romaines que la revanche de l'Orient vaincu. Ce que Rome avait fait par l'épée, les Orientaux étaient en train de le refaire par la corruption. Il y a derrière Sénèque toute une école de moralistes qui pensent comme lui.

Vitruve observe que les salles destinées

à contenir des livres sont construites
dans le style oriental. Plusieurs bibliothèques antiques ont été découvertes dans
les ruines d'Herculanum. Elles étaient
garnies de casiers numérotés renfermant
des livres roulés — *volumen*, de *volvere* —
comparables à ceux qui existent chez les
épiciers et les marchands de papier peint.
Ces casiers sont désignés dans Pline le
Jeune sous le nom d'*armaria*, dans Sénèque sous celui de *loculamenta*, dans
Martial sous celui de *nidi*, dans Juvénal,
enfin, sous celui de *foruli*. Chacune des
cases, dans les bibliothèques trouvées à
Herculanum, a trois ou quatre pieds de
long. C'est le format des volumes, dispo-
sés de manière à présenter aux yeux une
tranche ornée d'une carte, *pittacium*, sur
laquelle était inscrit le titre de l'ouvrage.
Comme son congénère moderne, le bibliophile romain était prodigue et justifiait
les imprécations de la morale stoïcienne.
On lit dane Boëce* la description d'*arma-*

* *Consolation de la Philosophie.*

ria plaqués d'ivoire, de verre, substance qui était alors précieuse, et de métaux encore plus chers. Il y avait des catalogues, au dire de Quintilien : « Il n'est personne, dit-il, quelque étranger qu'il soit à la poésie, qui ne puisse prendre dans une bibliothèque et insérer dans ses ouvrages le catalogue des poètes. »

Quand elles n'étaient pas installées dans les salles à manger, les bibliothèques de luxe étaient des lieux de réunion, des cercles où une nombreuse compagnie allait causer de littérature et d'art, sans doute aussi prendre des rafraîchissements. Celles qu'on trouvait dans les thermes avaient particulièrement ce caractère. Les livres n'en formaient que le moindre ornement : c'étaient en même temps des musées remplis de tableaux, de bustes, de statues, et souvent un chef-d'œuvre d'architecture, avec des colonnades et des sculptures variées. Quelquefois, et c'était même le plus grand nombre des cas, l'entrée n'en était pas libre. Elles appartenaient à un collège ou groupe de personnes qui s'étaient cotisées pour les fonder. Nos cercles en sont une image, sauf qu'on y boit, qu'on y mange, qu'on y fume, qu'on y joue, toutes occupations étrangères aux cercles antiques, réservés à des plaisirs d'un ordre moins substantiel.

La production des manuscrits, tout autorise à le supposer, avait d'ailleurs pris sous l'empire un énorme développement. On estime qu'il y avait vingt mille copistes en Europe, au xve siècle, c'est-à-dire à la veille de la découverte de l'imprimerie. On ne lisait pourtant et on ne possédait de livres que dans les monastères et dans les châteaux. Il est probable que dans le monde romain, du temps des Antonins, le nombre des copistes répandus dans les provinces était quinze ou vingt fois supérieur à ce qu'il était au xve siècle. La mode avait propagé le goût des livres, qui était descendu de l'aristocratie aux classes moyennes, c'est-à-dire aux fonctionnaires, aux financiers, aux propriétaires de *latifundia*, à quiconque, par son industrie ou autrement, était parvenu jusqu'à l'aisance; et le nombre en était considérable dans une société au moins aussi prospère que la nôtre*. Il y avait déjà le bourgeois gentilhomme, M. Jourdain, qui faisait de la prose et aspirait à faire des vers.

Dans l'empire des Césars, livré aux appétits du luxe et de l'ambition pécuniaire, une bibliothèque et un bibliothécaire mettaient un homme en relief, le désignaient aux honneurs, aux charges municipales, à l'influence que donne l'amour intelligent des arts dans une société oisive et polie. Avoir l'estime de ceux qui ont du génie ou du talent, n'est-ce pas être digne d'en avoir soi-même ? On ne regarde donc pas à la dépense afin d'arriver à ce résultat; aussi les libraires pullulent. Lucien reproche aux amateurs du IIᵉ siècle de ne savoir point distinguer entre les livres, de les acheter au hasard, « d'être un don de Mercure pour les bouquinistes hâbleurs ». Comment pourront-ils savoir qu'un livre est ancien et qu'il a de la valeur, sinon à

* On peut consulter à cet égard Victor Duruy, *Histoire des Romains*, passim.

cette marque qu'il est moisi ? De sorte que
ce sont les teignes et l'humidité qui sont
leurs conseillers habituels. Dans l'hypo-
thèse qu'ils ne se trompent point dans leurs
choix, cet avantage leur sera de peu d'utilité. L'utilité d'un livre consiste dans l'intelligence qu'on en peut avoir : il faut
être un homme instruit si on veut le posséder avec fruit. Or, le savoir ne pousse
pas dans une bibliothèque comme les oignons dans un jardin. « Rassemble chez
toi, dit Lucien, tous les ouvrages de Démosthène qu'il a écrits de sa propre main,
tous ceux de Thucydide, que le même
Démosthène a copiés jusqu'à huit fois de
sa belle écriture ; achète, si tu veux, tous
les livres que Sylla a fait transporter d'A-
thènes à Rome *, quel fruit en retireras-tu ?
En vain tu les étendrais et te coucherais
dessus ; en vain tu te les appliquerais
autour du corps et t'en habillerais comme
d'un vêtement. Le singe, dit un proverbe,
est toujours singe, eût-il des ornements
d'or. Tu as sans cesse un livre à la main et

---

* Plutarque, *Vie de Sylla.*

tu lis continuellement, mais tu ne com-
prends pas ce que tu lis ; tu ressembles à
un âne qui secoue les oreilles en entendant
jouer de la lyre. Si la possession des livres
suffisait à rendre savant celui qui en est le
propriétaire, elle serait d'un prix inestimable ; et si le savoir se vendait au marché,
il serait à vous seuls qui êtes riches. »

Ceci est le secret de la haine de Lucien ;
il est pauvre, il envie la possession des
livres qu'il n'a pas le moyen d'acheter ; il
se venge sur le dos des collectionneurs, qui
ne sont peut-être pas toujours sans reproche mais qu'il noircit à plaisir. Les quelques ridicules qu'ils peuvent avoir ne mé-
ritent pas qu'on évoque contre eux les
furies de l'enfer. Lucien les accuse de
passer leur temps à discuter la valeur d'une
copie. C'est déjà une ressource. Lucien n'en
convient pas. « Les bouquinistes, dit-il, en
savent là-dessus plus long que les amateurs. » Ce genre d'érudition n'empêche pas
qu'on ne puisse être un sot, et la plupart des
bouquinistes contemporains de Lucien le
démontrent de reste, à ce qu'il prétend. Il

retourne le sujet de vingt manières diffé-
rentes ; il demande si les rayons d'une
bibliothèque sont savants à proportion
qu'ils sont bien garnis. Les amateurs sont
comme les chasseurs qui ont des armes
richement ciselées ; ils n'en tuent pas plus
de gibier : ce sont des Thersites qui ont
emprunté les armes d'Achille. Lucien cite
à ce propos un original qui avait payé trois
mille drachmes la lampe d'argile qui ser-
vait au philosophe Epictète. Il espérait que
la sagesse stoïcienne lui viendrait en dor-
mant à la lumière de la lampe d'Epictète.
Il cite encore Denis de Syracuse, qui compose des tragédies froides et finit par acheter fort cher le stylet d'Eschyle ; il n'en
sortit pourtant que ce vers :

L'imbécile, ici-bas, se fait illusion.

« Quel est donc ton espoir ? continue
Lucien. Tu consumes tes journées à rouler
tes livres, à les coller, à les ébarber, à les
frotter de safran et de cèdre, à les habiller
de peau, à les garnir d'ombilics (de fer-
moirs). Leur acquisition t'a-t-elle rendu

plus vertueux ? » C'est tailler de la besogne aux rats, préparer une demeure aux vers. Si encore l'amateur de livres, incapable de s'en servir lui-même, consentait à les prêter à ceux qui ont le talent d'en faire usage ! « Mais non, dit Lucien : tu es comme le chien qui, couché dans une écurie et ne pouvant manger d'orge, ne permet pas au cheval d'en prendre, lui qui peut en manger. » Bref, un amateur ignorant est l'image d'un homme chauve qui achète un peigne.

Ce sont des médisances forcées, plus spirituelles que fondées, et voisines du dépit. Elles n'empêchèrent point la mode d'aller son train, et ce fut heureux. Lucien n'a pas l'air de savoir que l'empressement des amateurs provoquait, quand même il n'aurait pas eu d'autre avantage, la conservation des œuvres de l'esprit, chose qui n'était pas d'une importance médiocre, en l'absence de l'imprimerie qui permet d'en multiplier les exemplaires indéfiniment.

Au fait, l'amour des livres condamné par les satiriques de diverses écoles, car Lucien n'est point un ennemi du luxe mais un embryon de Voltaire, qui aime à rire de tout et à se divertir aux dépens de ses contemporains, l'amour des livres, disons-nous, en aurait assuré la transmission sans le souffle violent de l'esprit de secte qui ne tarda pas à en provoquer la destruction, ce que Lucien n'avait pas prévu. Le goût des livres s'était communiqué aux adhérents du christianisme, bien que les livres fussent en mauvaise odeur en Judée, où la tradition orale en tenait lieu. Les chrétiens avaient fondé des bibliothèques ecclésiastiques dans les principales églises de leur communion. Saint Pamphile en avait formé une à Césarée, qui, augmentée par Eusèbe, contint jusqu'à 20,000 volumes. Dioclétien fit détruire les bibliothèques chrétiennes, dans l'impuissance d'exterminer le christianisme lui-même. Le procédé devait naturellement amener des représailles. Une fois au pouvoir, animés de la même intolérance que leurs ennemis, les chrétiens se hâtèrent de les imiter; ils pourchassèrent et jetèrent au feu toutes les copies qu'ils purent découvrir des écrivains païens. Ces écrivains païens, ce sont les grands écrivains de l'antiquité. Ceux qui sont perdus, et il y en a plus de la moitié, doivent de ne nous être pas parvenus à cette guerre aux livres, poursuivie de part et d'autre avec acharnement, du côté des partisans de l'ancienne culture classique et de celui de la nouvelle culture chrétienne. Dans le conflit, les amateurs ont disparu avec leurs bibliothèques, sauf quelques-uns qu'on retrouve de loin en loin durant l'agonie lente de l'empire grec.

En Occident, il n'en subsiste aucune trace. On a pourtant exagéré la haine du christianisme contre les livres païens. Ceux qui ont survécu à l'immense crise des invasions germanique et musulmane ont été sauvés par l'Église et mis à l'abri dans des cloîtres. L'amour des livres se réfugia dans les couvents comme une tradition à maintenir et un devoir à observer.

On l'a contesté. Que faut-il alors penser du proverbe qui avait cours au moyen âge : *Claustrum sine armario quasi castrum sine armentario,* un couvent sans bibliothèque est comme un camp sans armes? Pourquoi trouve-t-on dans chaque couvent un bibliothécaire dont la fonction ne consiste pas seulement à conserver les livres, mais qui est en même temps copiste et enlumineur? Au moyen âge, on accorde aux livres un si grand prix qu'on les enchaîne comme on enferme des pierres précieuses dans un coffre de fer afin qu'elles ne puissent être dérobées. Les règlements monastiques contiennent tout un arsenal de peines édictées contre ceux qui volent ou détruisent les livres.

On apporte même trop de soin à les conserver. Tant de précautions finirent par sembler grotesques. Les moines de Saint-Victor, qui avaient édicté la peine de l'excommunication contre quiconque les dépouillerait d'un livre, eurent à subir au XVIᵉ siècle les railleries de maître François Rabelais. On connaît le catalogue fantastique qu'il a dressé de leur bibliothèque, qui était belle et nombreuse. Tout le sel de Rabelais consiste dans l'énumération de titres comme celui-ci : *Item, pois au lard avec commentaire.* Depuis longtemps la légende s'était emparée de l'amour immodéré que les livres inspiraient dans les monastères. Celle-ci a jadis été célèbre. En 1439, deux frères mineurs qui possédaient une nombreuse bibliothèque meurent et comparaissent au tribunal céleste, les mains liées derrière le dos et suivis de deux mulets chargés de livres. A cette question :

— De quel institut êtes-vous?

Ils répondent qu'ils sont de l'institut de Saint-François.

— Eh bien, dit le commissaire du bon Dieu délégué ce jour-là à la porte du paradis, que saint François les juge !

On mande le saint homme, qui s'enquiert des deux moines à quoi tant de livres pouvaient bien leur servir.

— Nous les lisions, disent-ils.

— Mais faisiez-vous ce qu'ils enseignent?

— Non.

L'arrêt de saint François est ainsi conçu :

« — Attendu que, par vanité seulement et contre la sainte loi de la pauvreté, vous avez amassé tant de volumes et que vous n'avez rien fait de ce que Dieu vous y ordonne, vous irez, vous et vos livres, dans les ténèbres éternelles. »

Aussitôt la terre s'ouvre et engloutit les deux moines ainsi que les deux mulets chargés de livres *.

* L'habitude de médire des collectionneurs de livres est particulière à l'Italie durant le moyen âge. Ailleurs, il n'y a presque pas de livres; on fait un cas extrême de ceux qu'on possède. Ce que nul écrivain de l'antiquité n'a fait, Richard de Bury l'a fait en Angleterre au xive siècle. Voir son *Philobiblion* ou *Traité de l'amour des livres*, dont l'édition princeps est de 1475. M. Hippolyte Cocheris en a publié récemment en France le texte accompagné d'une traduction française *. En Italie, où les lettres classiques n'ont pas cessé un instant d'être cultivées, la tradition hostile aux amateurs s'est maintenue. Pétrarque écrit un traité *de Librorum copia* dans lequel on lit : Sunt qui quidquid in libris scriptum domi habent, nosse sibi videntur, cumque ulla de re mentio incidit : hic liber, inquiunt, in armario meo est; hoc tantum, idque sufficere opinantes, ut simul in pectore sit. Elato supercilio conticescunt, ridiculum genus... Calle alio niti oportet, ut ex libris gloriam quæras; non habendi sed noscendi, nec

* *Philobiblion, excellent traité sur l'amour des livres*, par Richard de Bury, évêque de Durham, grand chancelier d'Angleterre, traduit pour la première fois en français, précédé d'une introduction et suivi du texte latin, par H. Cocheris, Paris 1866, 1 vol. in-12.

A partir de la Renaissance, les bibliothèques privées recommencent à devenir
communes. Elles sont de nouveau un objet
de luxe à l'usage des grands, des lettrés et
de ceux qui se piquent de littérature.

bibliothecæ sed memoriæ committendi, cerebro-
que non armario concludendi. Alioqui vel librario
publico vel armario ipsi gloriosior nemo erit.

Au xviiie siècle, Bollioud-Mermet, auteur d'un
opuscule *(De la Bibliomanie)* dirigé contre les collectionneurs, quoiqu'il fût lui-même un d'entre eux,
a d'autres arguments que les anciens ou que
La Bruyère à invoquer : c'est la qualité des livres
qu'on rencontre dans certaines bibliothèques :
« Ce n'est nullement une supposition, dit-il, que
cet attrait dépravé auquel s'abandonnent certains bibliomanes, chez qui l'on voit des suites
complètes de tout ce que la presse a produit de
plus grotesque, de plus frivole et de plus satirique.
Rien ne manque dans ces collections : fables,
contes, romans, histoires de chevalerie, aventures
galantes, poésies burlesques, facéties, bons mots,
œuvres macaroniques, traités de magie, de sorcel-
lerie, art divinatoire, mémoires de procédures
scandaleuses, chroniques médisantes, libelles dif-
famatoires, et tant d'autres écrits dictés par une
imagination déréglée et par une liberté cynique. »
On n'était qu'au début de ce travers; le mal a
empiré depuis. Nous ne croyons pas qu'il y ait
dans l'histoire des lettres un exemple comparable
à celui de Noël, auteur de dictionnaires latins et
français encore en usage dans les écoles et dont il
fallut vendre la bibliothèque à huis clos.

Comme jadis, elles ne tardent pas à servir encore de cible à l'humeur chagrine de quelques moralistes qui n'ont pas autre chose à se mettre sous la dent. On n'a rien écrit à cet égard de plus brutal et de plus grossier que ces paroles de La Bruyère : « Je vais, dit-il, trouver cet homme — le bibliophile — qui me reçoit dans une maison où, dès l'escalier, je tombe en faiblesse d'une odeur de maroquin noir dont ses livres sont tous couverts. Il a beau me crier aux oreilles, pour me ranimer, qu'ils sont tous dorés sur tranche, ornés de filets d'or et de la bonne édition, me nommer les meilleurs les uns après les autres, dire que sa galerie est remplie, à quelques endroits près qui sont peints de manière qu'on les prend pour de vrais livres arrangés sur des tablettes et que l'œil s'y trompe, ajouter qu'il ne lit jamais, qu'il ne met pas le pied dans cette galerie, qu'il y viendra pour me faire plaisir, je le remercie de sa complaisance et ne veux, non plus que lui, visiter sa tannerie qu'il appelle bibliothèque. »

La Bruyère était un parasite, habitué à vivre dans la domesticité des grands; il leur rendait en dédain et en mauvais propos. l'hospitalité qu'ils lui accordaient. Campé derrière Sénèque et Diogène, sur les hauteurs de la philosophie stoïcienne, il faisait profession de médire de beaucoup de choses qui lui manquaient. D'abord des femmes, parce qu'il avait une figure de soldat, selon l'expression d'un auteur contemporain, et n'avait point le don de leur être agréable; du pouvoir, qui n'était point à sa portée; des richesses, qui lui faisaient aussi défaut; de la noblesse, parce qu'il n'avait pas de naissance; du luxe des vêtements, parce que le prince de Conti lui laissait porter des habits râpés; des palais et de ce qu'ils contiennent, y compris les livres, n'ayant de quoi loger ni des livres, ni un mobilier, ni sa personne. C'est l'éternelle fable du renard et des raisins qui sont trop verts. Vivant d'ailleurs dans les coulisses du grand théâtre de la cour, il n'avait qu'à se pencher pour voir défiler une à une les vanités du XVIIe siècle, et

il était merveilleusement doué pour en
saisir à première vue les côtés grotesques.
Aucun détail de mœurs ne lui échappe :
son œil pénétrant ne laisse passer aucune
misère sans la noter d'un mot qui est
un stigmate. Dans le musée qu'il nomme
Caractères la vérité coule à flots pressés;
mais regardez à celui qui la dit et mesurez,
si vous pouvez, l'amertume de son fiel;
nulle part l'éloge ne tempère l'animosité
chagrine; la religion elle-même n'est qu'un
sauf-conduit qui sert d'enseigne à son humeur et l'austérité un manteau qui le
défend. Il parle des livres du ton d'un
homme en colère; on dirait qu'ils l'ont
mordu à la jambe. Ce n'est pas à eux qu'il
en veut, mais à ceux qui les possèdent,
qui les couvrent de leurs armoiries. Or, ce
ne sont pas des manants. Ce sont les
grands du royaume, les hommes d'Etat, les
gens d'église, l'aristocratie mondaine et
lettrée, quiconque a, en France, une place
considérable au soleil. Le coup de poing
du sombre janséniste tombe sur eux comme
une lettre de cachet. Leur effarement est

inutile et leurs menaces vaines : le roi n'entend pas qu'on touche à ce boule-dogue; il lui accorde la protection dont jadis il a honoré Molière.

Du reste, l'amour des livres est une passion que les gens de lettres pardon-nent avec peine à ceux qui ne sont point des leurs. Le xviiie siècle continue de se moquer des amateurs. Le morceau sui-vant est un échantillon de l'esprit qu'on y met :

Un officier, nouveau bibliomane,
Aidé d'un catalogue et bien clair et bien net,
   A son curé montrait un cabinet
Et jouait le savant près de l'homme à soutane;
   Quand le bon prêtre observa par hasard
Qu'il lui manquait un livre utile au militaire,
     Les *Commentaires de César.*
     — Quoi ! dit l'officier en colère,
     Me prenez-vous pour un busard ?
     Je lis bien, moi, sans commentaire.

Celui-ci est du temps de la Restauration :

Certain bibliomane, ignorant personnage,
Demandait à Panckoucke un magnifique ouvrage,
En lui laissant le choix du livre et de l'auteur.
     — Parbleu ! s'écria le libraire,
     Que ne parliez-vous donc plus tôt ?
     J'avais ce matin votre affaire;

C'était le plus bel exemplaire
Du *Télémaque* de Didot.
—De Didot! Télémaque!—Eh! oui, chacun l'admire.
— Je le connais, il a du bon ;
Mais, tenez, vous avez beau dire,
J'aimerai toujours mieux celui de Fénelon.

Ces quolibets sont assez innocents ; ils ont quelquefois leur raison d'être, moins souvent qu'on ne l'imaginerait. Ils ont néanmoins peu d'autorité et jusqu'ici n'ont corrigé personne. Tout au plus sont-ils propres à faire rire la galerie. L'amour des livres n'est pas, si l'on veut, une vertu héroïque ; il est sujet aux mêmes objections que l'amour immodéré de n'importe quel objet. On ne se moque pas de ceux qui aiment le pain parce que c'est un vice commun. Si la sottise vous est désagréable à voir, moquez-vous donc de celle qui encombre le monde, que l'on coudoie dans la rue à chaque heure du jour. Moquez-vous de ceux qui vont à Longchamp assister à une course de chevaux, ne voient courir que la sueur sur leur front, restent une journée entière exposés au soleil et à la pluie, rentrent le soir, harassés de fatigue,

avec une basque de moins à leur habit et
s'imaginent avoir été à la campagne. Mais
laissez les épicuriens de la pensée jouir en
paix de la collection de livres de choix
qu'ils ont formée, dont ils usent à petite
dose comme d'une liqueur fine, afin de se
bien porter et de vivre longtemps. Ils ne
font de mal à personne ; leur plaisir est de
ceux auxquels on ne se brûle pas les moel-
les. Cette manière d'agir, moyenne, commune, bourgeoise, tranquille, étrangère
aux passions qui dévastent la vie, offre en
outre des avantages dont on trouvera l'énumération plus loin.

II

DU PRIX ET DE LA CONDITION DES LIVRES

Un livre était jadis un trésor. Plus les livres sont rares, plus on attache de prix à la substance dont ils sont faits et à l'enveloppe qui les garantit. L'âge d'or du livre est donc l'antiquité. Il était l'orgueil d'une maison et la parure du lieu où il était déposé. Il ne subsiste aucune relique de cette richesse mise au-dessus de toutes les autres par les grands de la Rome impériale. Quelques volumes carbonisés découverts à Herculanum et bientôt tombés en poussière au contact de l'air extérieur n'en sont pas des échantillons qui répondent à l'idée qu'en fournissent les auteurs. On ne posséde aucun manuscrit dont l'origine soit antérieure au ve ou au vi^e siècle *. Encore est-il difficile de savoir au juste à quoi s'en tenir : on prête peut-être un âge exagéré à ceux qui ont survécu. Quoi qu'il en soit, au moyen âge le livre avait conservé le caractère d'un objet d'art. Il était si cher qu'il n'était accessible qu'aux princes et aux communautés religieuses ; on le cédait par acte public, comme un fief. Dans l'inventaire de la librairie du duc de Berry, au château de Mehun-sur-Yèvre, publié par M. Hiver de Beauvoir **, il est question d'ouvriers qui étaient dans le monde d'alors ce que sont de nos jours les peintres, dont les œuvres se vendent au poids de l'or. L'un d'eux, Hennequin de Virelay, demeurant à Paris rue Neuve-Notre-Dame, vendit au duc de Berry plusieurs livres au prix de deux cents écus d'or chacun, ce qui représente sept mille deux cents francs de

---

* La bibliothèque nationale possède plusieurs manuscrits du ve siècle ou censés être du ve siècle; à partir du sixième, les dates deviennent relativement sûres.

** *La Librairie de Jean, duc de Berry*, Paris, 1860.

notre monnaie. En voici un qui est cédé par testament : « Nous, Gérard de Dainville, évêque et comte de Cambray, avons accordé et accordons à Jeanne de Planquis, abbesse de Stremin, diocèse d'Arras, notre sœur, la jouissance et la propriété de notre psautier ci-présent, pendant sa vie. Si ladite sœur meurt avant nous, il reviendra en propriété à nous et à nos héritiers. S'il nous arrivait d'être appelé à Dieu avant elle, ladite Jeanne pourra en disposer selon sa dévotion, en faveur d'une personne qui soit tenue de prier perpétuellement pour nous. Fait à Cambray, en l'an du Seigneur 1374, le quatrième jour de février, en présence de respectable maître Jean Hennelin, chanoine de Beauvais, et de l'official de Cambray, Nicolas de Glosq, chanoine de la sainte église de Saint-Quentin, et de Jean Bugneti, chanoine de l'église de Senlis, et de Jean de Bove, escuyer, et de moi Etienne de Matheny, notaire apostolique.» Suivent les signatures*. Il est vrai qu'un

---

* L'original de cet acte est dans un manuscrit de la Bibliothèque Ambroise Didot.

livre à cette époque équivalait à une de nos galeries de tableaux. On y accumulait les miniatures de quinze ou vingt artistes décorateurs, exécutées à grands frais durant un laps de plusieurs années. Dans nos climats humides, les peintures murales étaient interdites. L'Italie, plus favorisée, avait des *Campi santi;* il n'y fallait pas songer en France ; les fresques eussent été détériorées au bout de quelques hivers. On remplaçait les fresques de Giotto et d'Orcagna par des miniatures dont on interfoliait les manuscrits. Depuis le XIIe jusqu'au XVe siècle, toute l'histoire de la peinture française est dans les missels, livres d'heures, bibles et psautiers du temps. Le missel de Juvénal des Ursins, exécuté au XVe siècle, cédé à la ville de Paris par M. Ambroise Didot, et détruit en 1871, dans l'incendie de l'Hôtel-de-Ville, était un véritable musée, où les costumes, les mœurs, les préjugés contemporains étaient en quelque sorte figés. Les manuscrits étaient d'ailleurs calligraphiés sur peau de vélin ; un exemplaire de Virgile exigeait une année de la vie d'un copiste, et si l'on se décidait à l'enluminer, c'était une bien autre dépense. Ce chef-d'œuvre exigeait une reliure digne de lui. C'était la tâche d'un orfévre et d'un serrurier, beaucoup plus que d'un relieur dans le sens moderne du mot. Il fallait une fortune à consacrer à l'entreprise.

L'invention du papier, qui précéda d'environ deux cents ans celle de l'imprimerie, modifia peu la situation. Il était rare, cher, fabriqué de manière à pouvoir faire concurrence à la peau de vélin. Mais la découverte de l'imprimerie fit tomber immédiatement la rareté et la valeur des livres. Vingt ans n'étaient pas écoulés, qu'ils n'étaient déjà plus qu'un instrument de savoir ou d'agrément, ce qui, du reste, est leur destination naturelle. Comme archives de l'État*, d'une ville, comme monument du passé dans une corporation ou dans une famille, le livre restera désormais ce qu'il était auparavant, et il sera manuscrit.

* C'est le caractère de monuments historiques qui appartient à tant de manuscrits, dont on fait cas maintenant mais qu'on méprisait au siècle

Comme œuvre littéraire ou savante, il est, au contraire, sinon à la portée du premier venu, au moins abordable à un grand nombre et il ne perdra plus ce caractère.

La facilité de se le procurer y fait d'autre part attacher moins de valeur. Enfin, le besoin de plus en plus commun de posséder des livres engage les imprimeurs et libraires à épargner le prix de la matière sur laquelle ils opèrent. Dans l'avenir on n'emploiera le vélin que par exception; on ne défendra plus l'intérieur de chaque volume à l'aide d'une armature métallique ou végétale comme s'il valait le prix d'une forteresse. Si un exemplaire périt ou se

dernier, qui fait le ridicule de ces vers insérés par Voltaire dans son *Temple du goût* :

> L'amas curieux et bizarre
> De vieux manuscrits vermoulus
> Et la suite inutile et rare
> D'écrivains qu'on n'a jamais lus.

Voltaire et les philosophes de l'école encyclopédique, s'étaient donné la tâche de tuer la tradition. Ils la poursuivaient sous toutes les formes, même sous celles des livres. On connaît leur opinion sur les arts et l'architecture du moyen âge.

trouve endommagé, il sera aisé de le remplacer. Néanmoins la tradition de luxe qui avait fait du livre un objet rare, réservé à quelques-uns, n'est pas complétement évanouie. Les imprimeurs de Venise et de Rome ne publient pas une édition d'un auteur célèbre sans en tirer plusieurs exemplaires sur vélin, qu'ils font enluminer, quelquefois couvrir de peintures à la main, qu'ils revêtent d'une reliure richement ouvragée. Ce sont des exemplaires de dédicace, que les grands seigneurs, les villes, les corporations, offrent en don dans les circonstances solennelles. Ces reliques de l'art typographique à ses débuts se paient maintenant aussi cher que les tableaux de l'école italienne du temps. La plupart des dépôts publics de l'Europe en possèdent quelques-uns. A ces origines de l'art moderne de la reliure se rattachent les efforts tentés par quelques curieux de la Renaissance, Maioli, Grolier, qui établit à Lyon un atelier de reliure à son usage exclusif, François Ier, Henri II, Diane de Poitiers, De Thou, Catherine de Médicis, Henri III,

Henri IV, qui aimaient les beaux livres et
en avaient des collections. Les amateurs
ne se bornent point à soigner la reliure ;
ils ont souci de la décadence dans laquelle
est tombé l'art typographique, s'il faut ap-
peler décadence la préoccupation constante
de remplacer la qualité par la quantité,
afin de fournir à des besoins qui croissent
sans cesse, dans des proportions inattendues. Ils font fabriquer du papier à leur
goût, du papier fin qu'ils appellent dès lors
grand papier — magna charta ; — ils se
procurent du vélin de choix, qu'ils donnent
à l'imprimeur, afin d'avoir du livre qu'il
édite un exemplaire de luxe. Cette recherche est particulière à la France et à l'Italie.
L'Allemagne, qui est le berceau de l'imprimerie, produit du premier coup des
chefs-d'œuvre typographiques. Ses livres
du xvᵉ siècle tiennent le haut bout ; ceux
du xviᵉ n'y ressemblent pas. Ils sont imprimés sur du papier à pamphlets. La
guerre civile l'absorbe ; elle renvoie à des
temps plus heureux le goût et l'amour des
livres ; il en est de même de l'Angleterre.

Non-seulement ses produits en matière typographique sont mauvais, mais ils sont peu nombreux. Elisabeth, que Shakespeare nomme la belle Vestale assise sur le trône d'Occident, se soucie des lettres comme un chien d'une pièce de monnaie ; l'aristocratie fait comme la belle vestale : elle mange, pille les couvents. intrigue, se noie dans l'orgie. Un de ses membres a récemment payé plus de deux mille guinées un Boccace de Valdarfer ; à cette époque, le plus lettré d'entre les lords de la Grande-Bretagne n'en aurait pas offert un schelling. La décadence des institutions féodales et l'état de guerre devenu endémique avaient d'ailleurs amené un appauvrissement général. Les Flandres et les Pays-Bas, qui avaient été jadis le centre de la richesse dans l'Europe moyenne, n'étaient plus qu'un coupe-gorge ; l'Italie, un coupe-gorge ; la France, un champ de bataille ; l'Espagne, épuisée par des entreprises au-dessus de ses forces, râlait. La prospérité mit deux siècles à renaître ; le xvie et le xviie sont au nombre des plus pauvres

qu'il y ait dans l'histoire; le xviiie l'est
encore, mais l'outillage de la civilisation
était renouvelé, l'application des sciences naturelles à l'exploitation du sol allait
ouvrir un développement de bien-être que
la Révolution française interrompra un
instant, mais n'arrêtera pas.

Le livre est une partie du luxe de l'a-
meublement. Or, il n'y a pas cinquante
ans que le livre de luxe est estimé à prix
d'argent. Sauf exception, le livre n'avait
été jusque-là qu'un instrument de travail.
Il est maintenant un meuble et un objet
d'art.

La reliure, la gravure, la matière du
livre, en un mot, n'est qu'un élément du
prix qu'on lui accorde. Un livre provenant
de la bibliothèque de Maioli, de Grolier,
de Diane de Poitiers, de De Thou, n'a pas
de valeur intrinsèque. Le premier Grolier*

---

* Au mois de juin dernier (1878) lors de la
vente de la première partie des livres de M. Ambroise Didot, un exemplaire de *Sannazar* (1 vol.
in-8, Alde 1535), à la reliure de Grolier, qui aurait
bien valu 50 francs s'il n'avait pas appartenu à

venu vaut plus cher que la bibliothèque
entière de Grolier ne lui à coûté. On n'en
estime que la provenance. Ceux qui n'ont
point une provenance illustre, et qui sont
chers, le doivent à leur ancienneté, ou à
ce qu'ils sont rares. Ce sont des souvenirs.
Ces trois faits, provenance, rareté, ancienneté, sont les trois causes de la faveur dont
les anciens livres sont aujourd'hui l'objet.
Ce sont des motifs nouveaux d'apprécia-
tion qui n'avaient point existé depuis les
temps classiques. Sous les règnes de
Louis XIV et de Louis XV, lorsqu'il arrivait
à une bibliothèque d'être aliénée, les livres
qui la composaient, de quelque part qu'ils
vinssent, n'avaient de valeur vénale que

Grolier, a atteint le prix de 5,800 fr.; un Paul
Jove (1 vol. in-fol. *Florentiæ, ex off. Laurentii
Torrentini* 1549) également à la reliure de Grolier
s'est vendu 3,850 fr., les *Fables d'Hygin* (Basle
1535, petit in-fol.) à la reliure de D. Canevari s'est
vendu 2,660 fr.; un exemplaire des *Statuts de
l'ordre de saint Michel* (1 vol. in-4, Paris vers
1530) aux armes de Henri II et aux emblèmes de
Diane de Poitiers s'est vendu 1,350 fr. Ce sont des
souvenirs auxquels les amateurs attachent de
plus en plus une valeur considérable.

l'usage qu'on en pouvait faire. Ils étaient
dans le cas de produits ordinaires de la
librairie. Il est vrai qu'on vendait peu de
livres provenant d'une bibliothèque à disperser. Les familles étaient stables; les
livres faisaient partie du mobilier de la
maison; ce mobilier lui-même était consi-
déré comme un immeuble et se transmettait
intact. La bibliothèque suivait la fortune
du mobilier.

Chez les parvenus qui montaient une
maison, c'était souvent le tapissier qui la
fournissait; lors de la vente du mobilier,
il la reprenait et s'en défaisait comme il
pouvait, en même temps que des fauteuils
de la salle à manger, circonstance qui a
donné à La Bruyère l'occasion de la sortie
que nous avons citée plus haut. Il arrivait
même que, dans la noblesse, on se con-
duisait comme les bourgeois parvenus à
l'aisance d'une manière fortuite et retombés
dans l'obscurité d'une manière également
fortuite. Tel qui était duc et pair ne voyait
quelquefois pas d'inconvénient à ce que
les livres reliés aux armes de sa maison

passassent dans les mains du premier venu,
avec les vieux meubles de son hôtel qui
n'étaient plus à la mode ou qui avaient
fait un service suffisant. Il y en a quelques
exemples.

Quant aux ventes publiques de livres,
elles ne remontent pas beaucoup plus haut
que les dernières années du règne de
Louis XIV. Les collections, grâce au droit
d'aînesse, ne se partageaient pas. Cependant, après la Régence, le système de Law,
l'avénement des traitants aux affaires, les
hauts et les bas qu'entraîne la spéculation
ruinaient ou enrichissaient les familles du
jour au lendemain et contribuèrent à disperser plusieurs collections. Le mal en vint
au point que l'État dut y porter remède.
Aux termes d'une ordonnance de police
en date de 1723, les bibliothèques privées
ne purent être mises en vente désormais
sans une autorisation spéciale suivie d'une
visite faite par le syndic de la communauté
des libraires. L'autorisation du lieutenant
civil en province, et à Paris du lieutenant
de police, n'avait pas seulement en vue

d'empêcher le trafic des livres prohibés ou des papiers de famille. La bibliothèque des grandes maisons était considérée comme un bien de mainmorte ; la coutume admettait que l'aîné des enfants et, à son défaut, l'héritier à titre féodal devaient hériter seuls de la bibliothèque, quitte à indemniser les autres héritiers. Il n'y a là rien de commun avec la loi moderne, qui attribue au débiteur saisi les livres nécessaires à l'exercice de sa profession. L'État ne voulait pas que les bibliothèques privées fussent dispersées lorsqu'il était possible de faire autrement, et il y mettait des entraves systématiques.

C'était aussi une façon de protéger la propriété. Sous l'influence croissante de la misère, le prix des livres était tombé à un prix dérisoire. De plus, l'école janséniste proscrivait le luxe des livres comme une vanité particulièrement futile. Aussi n'y a-t-il ni Grolier ni De Thou au xviiᵉ siècle. Sans l'influence des jésuites et le goût personnel du roi, on aurait proscrit toute espèce de luxe, et surtout celui des arts.

Les peintres étaient rangés dans la catégorie des histrions et, sinon persécutés, tenus avec une persévérance jalouse dans une condition infime. C'étaient des ouvriers, considérés comme faisant partie de la corporation des tapissiers. Afin de pouvoir exercer son art, Mignard fut obligé d'avoir une boutique et de la tenir ouverte. Le relieur est un homme de peine ; son nom est inconnu, même de ceux qui l'emploient. Celui de quelques-uns a surnagé ; ce ne sont pas les écrivains qui l'ont recueilli. D'autre part, ils ne signent pas leurs travaux, n'ont aucune prétention à la renommée. Dans un intérêt qui paraît purement industriel, sans doute afin d'étendre leur clientèle, ils collent leur nom et leur adresse sur un feuillet de garde. Nous avons là sous les yeux un petit chef-d'œuvre de Pasdeloup. On lit sur une bande imprimée, au bas du titre de l'ouvrage : Relié par Pasdeloup le jeune, place Sorbonne, à Paris. Ce sont ces rares indications qui ont permis aux amateurs modernes de leur reconstituer une sorte d'histoire, qui se borne d'ordi-

5

naire à un petit nombre d'informations chétives. Ils n'avaient jamais signé, même au moyen âge, où les miniaturistes signent presque toujours. Au xviie siècle, ils ne signent plus. En 1679, Mme de Montespan offrit au roi un livre, dont la reliure était d'or massif et chaque feuillet une miniature représentant une ville de Hollande, prise dans la campagne de 1672. A qui étaient dues ces miniatures et le travail d'orfèvrerie qui les enveloppait? On ne sait.

Un fait auquel il est juste de rapporter le discrédit dans lequel étaient tombés les produits de la typographie, est évidemment que le livre n'est plus qu'un instrument de guerre intellectuelle. Il y a encombrement ; on n'en soigne plus le côté matériel. Cependant l'hôtel de Rambouillet, le goût du théâtre, du roman, la splendeur littéraire d'une époque qui avait conscience de sa supériorité, avaient engagé quelques personnes à rechercher les livres anciens. C'étaient des excentriques. Tandis que les savants recueillaient les incunables grecs et latins, qu'on les réimprimait à grands frais, — éditions *ad usum delphini*, — les excentriques ramassaient çà et là les poètes des âges précédents, les mystères, les soties, les romans de chevalerie remis en honneur par les érudits. Lesdits excentriques parvenaient à grand'peine à intéresser quelques hommes de cour à cette lubie, comme on disait. Ces excentriques, ce sont Ballesdens, Colletet, le poète crotté, selon l'expression de Boileau; le comédien Rosimond. Ce sont les prédécesseurs de nos bibliophiles. Du reste, ils fourragent à bon marché dans les décombres de la littérature antérieure. On lit dans le *Lutetia Parisiorum erudita* *, la relation d'un voyage fait à Paris en 1721 par un Suédois du nom de Georges Wallin **. « Pour ce qui est des libraires, que j'appellerai *minorum gentium*, — on appelait ainsi à Rome les familles patriciennes dont l'origine ne remontait pas jusqu'à celle de la république, — c'est-à-

* Nuremberg, 1722, 1 vol. in-12.
** Voir à ce sujet l'avertissement placé en tête de la *Traduction du Voyage de Lister à Paris en 1698*, publiée en 1873 par M. de Sermizelles.

dire ceux qui vendent des livres tant vieux
que modernes, sous des auvents, sur tous
les quais de la Seine et dans toutes les
places et carrefours publics, je n'en parle
pas et leur nombre ne peut être évalué. Je
ne dis rien non plus des amateurs libraires
— privatos bibliopolas — qui font le commerce non en public, mais chez eux, —
ce sont ceux qui portent maintenant le nom
de marchands de livres anciens. — Lorsque
j'arrivai à Paris, il y avait encore une quatrième espèce de libraires assez plaisants et
qui ne manquaient jamais d'acheteurs. Sur
des planches, sur des tables placées dans la
rue, étaient étalés des livres de toute espèce,
et le marchand invitait à haute voix les
passants à les acheter. J'ai encore dans les
oreilles ces mots que j'ai entendu répéter
souvent : Bon marché ! quatre sols, cinq
sols la pièce ! Allons, vite, toute sorte de
livres curieux ! — Ces mots sont écrits en
français dans l'original. — J'étais stupéfait
qu'on pût vendre à si vil prix des livres
souvent très rares et très bien conditionnés. » Ce n'était pas là que les grands

seigneurs, les savants et les lettrés allaient s'approvisionner. C'étaient les petits bourgeois; l'amateur n'était pas né. C'étaient d'ailleurs les petits auteurs qu'on vendait ainsi à vil prix, ceux qui ne survivent pas à la nouveauté. Ils étaient délaissés dès qu'ils avaient perdu la vogue. Les étalages forains étaient leur dernière station avant de disparaître tout à fait de la mémoire des hommes, ce qui est le sort commun de la médiocrité. Elle n'a pas seulement à souffrir d'être médiocre. Elle a le tort encore plus grave d'être nombreuse. Les écrivains de second ordre sont comme le bois taillis d'une forêt. Tant qu'on est dans la forêt, on les a sous les yeux; ils cachent tout l'horizon, empêchent d'apercevoir les arbres de haute futaie. Mais éloignez-vous un peu; vous ne les verrez plus que d'une manière indistincte, comme un nuage au fond du ciel. Éloignez-vous encore de quelques pas, et ils ont tout à fait disparu. Hélas! les grands arbres aussi disparaissent. C'est une affaire de temps et de perspective. Eux aussi s'enfonceront, quoique plus lentement, dans la nuit sombre qui sert de linceul au génie comme au simple talent.

De nos jours, la critique a exhumé les petits. On ne comprenait pas auparavant que les petits peuvent servir à l'intelligence des grands par comparaison, de quelle utilité ils sont comme mesure moyenne d'une époque de l'histoire des lettres, quand on veut se rendre compte des courants qui agitent la société, des impulsions variées auxquelles elle obéit et que les grands écrivains ne laissent pas assez voir, parce qu'ils ont leur libre arbitre, sont de taille à résister aux influences d'en bas et font les courants au lieu de suivre ceux qui existent. Aussi est-ce la critique, Cousin, Guizot, Villemain, Sainte-Beuve, qui ont évoqué de la tombe cette foule de morts inconnus que la bibliomanie contemporaine se dispute, sans autre motif à son engouement que la rareté. Combien de poètes, de conteurs, de pamphlétaires, d'historiens, de philosophes, de réputations desséchées un article de Sainte-Beuve, une mention de Cousin, une leçon faite en Sorbonne ou ailleurs n'ont-ils pas rendus à la vie !

Si l'on veut avoir une opinion sur l'état des choses au milieu du xviiie siècle, à propos de bibliothèques et de livres, on peut consulter Formey*. Cent ans plus tôt, Gabriel Naudé, bibliothécaire de Mazarin, avait traité le même sujet. A part les noms d'auteurs qui ont changé, les ouvrages recommandés sont les mêmes. On les a refaits, voilà tout. D'ici à cent ans, on recommandera le Dictionnaire historique de Bouillet aux jeunes gens qui entrent au collège et aux gens du monde qui ont besoin de ne pas oublier ce qu'ils ont appris sur les bancs. Seulement l'auteur du Dictionnaire historique d'alors ne sera plus Bouillet. Nous lisions récemment dans Guichardin, à propos du siége de Hesdin en 1553, par les armées de Charles-Quint, que les murailles de la ville n'avaient pu

* Conseils pour former une bibliothèque peu nombreuse, mais choisie, 1 vol. in-12, nouvelle édition, Berlin, 1756.

résister aux effets terribles de l'artillerie
moderne. Avant peu, l'artillerie d'aujour-
d'hui sera dans le cas de l'artillerie moderne de 1553. Pareillement, l'artillerie
de Gabriel Naudé paraît insuffisante à
Formey, mais il prône toujours l'artillerie,
c'est-à-dire qu'il ne conseille plus la même
grammaire, le même précis de géométrie,
le même dictionnaire géographique. Néanmoins, il lui faut toujours une grammaire,
un traité de géométrie élémentaire, un
dictionnaire géographique. L'art, la curiosité, le goût, les écrivains classiques
lui sont souvent inconnus, lorsqu'ils ne
lui inspirent pas du mépris : « Quand
un seigneur, dit Formey, ne veut avoir
une bibliothèque que par ostentation et
pour meubler un de ses appartements,
il n'a besoin d'aucune direction ; il n'a
qu'à acheter à la toise, avoir un bon
relieur et faire décorer le cabinet de ses
livres de quelques ornements convena-
bles ; voilà qui est fait ; il a atteint son
but. » Ne dirait-on pas qu'on a affaire à
Platon et non à l'auteur de la *Belle Wol-*

fienne, le chef-d'œuvre de Formey. La belle Wolfienne, « c'est, dit M. Barthol-mess, une dame allemande, citoyenne de Berlin, ayant nom Espérance, qui, en se promenant sur les bords de la Sprée et dans les jardins de Charlottenbourg, disserte correctement sur les divers principes de la logique et de la morale, mais qui ne produit d'autre impression que celle dont à la fin elle se trouve accablée elle-même, un profond ennui. » C'est également l'impression qui se dégage des conseils de Formey pour former une bibliothèque peu nombreuse, mais choisie. L'auteur a l'esprit fermé aux choses de l'art, du goût et de la pensée. Le savoir contenu dans sa bibliothèque pourrait à la rigueur faire un cuistre; il ne fera pas un homme de goût; surtout il ne procurera pas une distraction agréable, ce qui est l'objet poursuivi par un homme qui a du loisir et une heure chaque jour à donner à la lecture. C'est pourtant à cela qu'il vise : « Un seigneur, dit-il, une dame, qui ont de l'esprit, du goût et des connaissances et qui veulent se ménager les délicieux moments que la lecture peut leur procurer, doivent s'y prendre autrement — autrement que l'homme qui achète des livres à la toise —. Il faut connaître avant que d'aimer, dit une maxime commune. Ainsi s'ils veulent se faire un choix de livres qu'ils puissent aimer, former un cabinet dans lequel ils entrent toujours avec satisfaction, il faut qu'ils n'y mettent que des livres dont ils connaissent le mérite. » Or, les livres en question sont la plupart des pamphlets de l'école encyclopédique, à laquelle Formey appartient, les sermons des réfugiés de l'édit de Nantes dont il est un descendant, enfin les romans du jour. Ce dernier chapitre est le meilleur du répertoire de Formey, car il a un répertoire. Le choix de Formey comporte une bibliothèque de quatre à cinq mille volumes, où les dictionnaires tiennent la place d'honneur, ce qui est une circonstance notable, empruntée d'ailleurs à Lamothe-le-Vayer, janséniste du siècle précédent, qui compare les gens qui ont des livres qu'ils ne lisent pas à des bossus qui ne sauraient faire un pas sans leur bosse, « et si ne la voient jamais. »

Dans sa lettre à un moine sur l'art de se former une bibliothèque à peu de frais, Lamothe-le-Vayer n'admet que des dictionnaires. « Quant à ces derniers, je tiens, dit-il, avec des personnes de grande littérature, qu'on ne saurait trop avoir, et c'est chose évidente, qu'il les faut posséder en pleine propriété parce qu'ils sont d'un journalier et perpétuel usage, soit que vous soyez attaché à la lecture et intelligence de quelque auteur, soit que vous vaquiez à la méditation et composition de quelque ouvrage. » Ces paroles de Lamothe-le-Vayer, qui s'adressent à un moine qui n'est pas riche, peuvent être admises par tout le monde, sauf, pour ceux qui le peuvent, à mettre l'agréable à côté de l'utile.

Le rigorisme inauguré par l'école janséniste est encore la note régnante sous le règne de Voltaire. Les livres rares ne valent rien, avait dit le maître. Personne n'y contredit. Après les conseils de Formey, on peut consulter un opuscule publié à la

Haye, en 1761, et réimprimé récemment*.
Mon Dieu ! le luxe des livres est plutôt
un ridicule qu'un vice. Qu'on y songe
néanmoins : *optimi corruptio pessima*. L'a-
mour des livres est une passion de fantaisie.
« Jamais on ne vit tant de livres de toutes
les espèces, de toutes les formes, et jamais
on n'a vu si peu de lecteurs dont l'étude
sérieuse et l'instruction solide soient le
véritable but. On ne lit guère dans le monde
que pour le simple amusement. La lecture,
destinée à servir de préservatif contre l'i-
gnorance et l'erreur, n'est tout au plus
qu'un antidote contre l'ennui. On a telle-
ment perverti l'usage des livres que ces
monuments de la savante antiquité, — les
livres modernes ne comptent pas encore —
ces recueils précieux des productions du
génie, autrefois consacrés à perpétuer les
vrais principes des sciences, à inspirer le
bon goût des lettres, à faciliter le travail, à

---

* *De la Bibliomanie*, par Boilioud-Mermet,
secrétaire perpétuel de l'Académie de Lyon. Paris,
1866, 1 vol. in-12. L'édition de 1761 avait pour
titre : *Traité de la lecture*.

diriger le jugement, à exercer la mémoire,
à faire germer les talents et les vertus, *sont
maintenant des meubles de pure curiosité, qu'on
achète à grands frais, qu'on montre avec ostentation, qu'on garde sans en tirer aucune
utilité.* Nous voyons des hommes inca-
pables de s'adonner à aucune lecture suivie
et méditée, des hommes qu'un défaut d'é-
ducation a privés des avantages de l'étude,
à qui leurs emplois en ôtent même le loisir
et le goût, qui affectent néanmoins de
former des bibliothèques. D'autres, plus
capables de faire usage des livres, amon-
cellent les volumes dans tous les genres,
beaucoup au delà du nombre suffisant et
des bornes de leurs connaissances. Quelques-uns, non contents d'en augmenter
inutilement le nombre, s'occupent de ras-
sembler ceux qui sont le plus précieusement
conditionnés et les plus rares, sans se dé-
courager ni par la difficulté des recherches
ni par la cherté des prix. D'autres enfin
conçoivent le singulier projet de réunir
tous les ouvrages composés dans un genre
bizarre et quelquefois licencieux. »

6

Il est inutile d'aller plus loin : l'amateur est né ; les caractères précédents le qualifient à peu près tel qu'il existe aujourd'hui; il tient les muses captives : *egregios multos in vinculis tenes libros*, comme dit Pétrarque*. Si les livres pouvaient parler, ils diraient qu'il est un dur geôlier. Les bibliophiles se ruinent à ce métier, négligent leurs devoirs de famille. Ce sont les *curiosulos* d'Apulée, les *helluones librorum* de Cicéron; ils ressemblent à cet ignorant général, qui compte sur le nombre de ses soldats plus que sur leurs qualités militaires, qui les habille de pourpre et d'or comme si c'était un moyen de gagner des batailles. Ce ne sont pas des lettrés, ce sont des *bibliotaphes;* ils enterrent les livres, ils ne les possèdent pas. Leurs héritiers se hâteront de disperser leur trésor : « Alors, dit Bollioud-Mermet, on verra ces assortiments si péniblement assemblés se disperser çà et là pour ne plus se rejoindre, pour aller se livrer à presque autant de nouveaux maîtres qu'il y a de

* *De librorum copia,* dial 43.

différents articles. L'ancien possesseur aura
beau mettre son nom sur les titres et bar-
bouiller les frontispices de l'étalage de ses
qualités; toutes ces inscriptions *ex libris, ex
bibliotheca* ne subsisteront qu'autant qu'elles
pourront servir à publier sa vanité et sa
folie. »

Le fait est que la prodigalité des amateurs
est assez mal récompensée. Le catalogue
du comte d'Hoym, dressé par Gabriel
Martin (1738) est fort instructif à cet égard.
Le luxe des reliures y va jusqu'à la profu-
sion. C'est la fête du maroquin rouge et
du veau fauve. Les prix obtenus sont dé-
risoires. Il est vrai que les livres classiques
et d'érudition étaient le fond de la bibliothèque du comte d'Hoym et qu'ils com-
mençaient à perdre de leur crédit. Ce sont
encore néanmoins les recueils indigestes
de dissertations latines qui jouissent de la
plus haute faveur. Une histoire des empe-
reurs romains par les médailles, de Jean
Tristan (Paris, 1649, 3 vol. in-folio), est
vendue soixante-dix livres ; un recueil de
médailles de Spanheim (2 vol. in-folio,

1717), est vendu cent treize livres; un Montfaucon, deux cent vingt livres; trois trésors d'antiquités, ensemble, onze cent quarante livres. Par contre, un *Marot* de 1536, auquel est joint un exemplaire de l'*Adolescence Clémentine* (1538), est adjugé trois livres; on abandonne pour neuf livres et un sol les quatre ouvrages suivants, qui aujourd'hui vaudraient une ferme dans la Beauce : *Maître Pathelin*, in-4°, sans date (Trepperel); le *Grand blason des fausses amours*, Paris, 1493; le *Chevalier délibéré*, 1495; les *Fantaisies du monde*.

La vente Rothelin * (1746) a lieu dans des conditions analogues. *Maître Pathelin* avec le *Testament de Villon*, en caractères gothiques des premières années du XVIe siècle, y vaut trois livres; le *Marot* de 1532, également trois livres, ce qui serait main-

---

* Charles d'Orléans, abbé de Rothelin, fils de H. d'Orléans, marquis de Rothelin, et de Gabrielle de Montault de Navailles, seconde fille du maréchal duc de Navailles, né en 1691, mort en 1744, appartenait à la famille d'Orléans Longueville, issue de Dunois. Il fut le plus savant bibliophile du XVIIIe siècle.

tenant un scandale aux yeux des curieux.
Les choses restent en l'état jusqu'à la veille
de la Révolution où, dans le catalogue du
duc de La Vallière (1784), un *Villon* de
1532 vaut douze livres, un *Pathelin* (édit.
Nyvert, sans date) six livres. M. Paul
Lacroix* se livre à des rapprochements
intéressants à propos des monuments de
l'ancienne littérature française. Le *Roman de
la Rose*, in-4°, sans date, édition Vérard,
vendu six livres dix-neuf sous chez La
Vallière, est coté mille francs chez Fontaine;
un *Villon* vendu huit livres dix sous chez
le comte d'Hoym, est coté treize cents
francs ; l'*Adolescence Clémentine*, vendue
trois livres chez le comte d'Hoym (1738),
est cotée quinze cents francs. Coter n'est pas
toujours vendre, objecteront quelques
personnes. En cette matière, l'audace atteint
presque toujours au succès. Les livres sont
dans le cas des tableaux. Un tableau de
dix mille francs était une merveille au
XVIIIᵉ siècle ; en 1852, lors de la vente de la

---

* Catalogue de la librairie Fontaine pour l'année
1877. Introduction.

galerie du maréchal Soult, la *Conception* de Murillo a été achetée cinq cent quatre-vingt-quinze mille francs par le musée du Louvre. Quand il s'agit de livres anciens ou rares, il y a d'ailleurs des fluctuations énormes dans les prix obtenus. En général, à Paris, chez les marchands de livres anciens de la rive gauche, les livres valent moitié moins que chez les gros bonnets de la rive droite, qui ont une clientèle princière et la confiance des riches amateurs étrangers, tandis que les marchands de la rive gauche sont réduits à celle des savants et des lettrés, qui connaissent mieux la valeur des livres et ne peuvent se permettre certaines folies. Et puis, il y a sur la rive droite les *helluones librorum* de Cicéron, oisifs fortunés, toute la bande de Juvénal et de Lucien, qui font volontiers une débauche d'écus lorsque par aventure, ils ont joué un beau coup à la Bourse, toutes gens qui regardent plus à la couverture d'un livre et à son état de conservation qu'à son contenu. Il y a aussi ceux qui opèrent sur les livres depuis qu'ils sont devenus des trésors, comme sur le trois pour cent, faux amateurs qui achètent aujourd'hui et revendent demain, qui font la hausse et la baisse à huit jours d'intervalle. Dix noms se pressent au bout de notre plume, qui appartiennent à des individus aussi étrangers aux lettres que pourrait l'être un moujick russe, et qui possèdent des collections de livres de plusieurs centaines de mille francs. Ils accaparent des livres comme jadis on accaparait du blé, avec l'intention de vendre aussitôt que la hausse se manifestera. Ils disposent de trois ou quatre cent mille francs. Dans l'espace d'un an, deux ans, trois ans au plus, ils ont formé une collection splendide, composée de cent ou deux cents articles de choix au plus. A peine est-elle formée, qu'ils songent à la manière de s'en défaire*. Il existe une ma-

---

* Ce jugement paraîtra sévère à quelques personnes. Mon Dieu! tout dépend du point de vue auquel on se place. Les vrais amateurs de livres, à qui l'on fait une concurrence qu'ils estiment déloyale, ne considèrent chez ceux qu'ils nomment des spéculateurs ou des amateurs d'occasion que le dépit qu'ils éprouvent. Leurs plaintes ne sont pas absolument dénuées de fondement. Néanmoins

nière de chauffer les amateurs véritables
six mois d'avance, afin de préparer une
belle adjudication, comme il y a une
manière de lancer une affaire véreuse. Il y
a de ces industriels qui ne paient pas leur

leurs adversaires ont souvent d'excellentes rai-
sons à leur opposer. De quel droit nous accusez-
vous, disent-ils, d'être des spéculateurs ou des
amateurs d'occasion ? Vous n'êtes pas juges de
notre mérite, de notre goût, des motifs qui nous
inspirent. Nous avons le droit de considérer vos
insinuations comme des insolences. Vous aper-
cevez d'ailleurs la paille qui est dans notre œil et
vous ne voyez pas la poutre qui est dans le vôtre.
Votre prétendu goût, qui est exclusif du nôtre, est
une invention de votre amour-propre. Vous êtes
vexés d'être obligés de le payer cher, et vous
essayez de vous venger par le dédain. Ce dédain,
nous vous le rendons avec usure. Quant à nos
spéculations, vous en parlez à votre aise. Nous ne
spéculons pas : le hasard nous fait tomber sur un
exemplaire d'un livre rare; nous achetons ce
livre, car nous ne savons pas si nous en rencon-
trerons jamais un autre exemple; puis le même
hasard nous en fait rencontrer un exemplaire
plus parfait que nous achetons encore. Le premier nous étant désormais inutile, nous croyons
devoir le rendre à la circulation. Il n'y a pas là de
spéculation, mais une simple affaire de goût. Si
cela vous offusque, tant pis pour vous. Les amateurs insistent : — Vous formez disent-ils, dans
l'espace de quelques mois ou de quelques années,

tailleur et trouvent de quoi payer deux
mille francs l'édition originale d'une pièce
de Molière. Ce sont des corsaires. Les
marchands suivent l'exemple, et ce n'est
pas surprenant. Dès qu'un exemplaire d'un
livre ancien a obtenu par hasard, dans une
vente, un prix élevé, soit à cause de sa
provenance, soit pour tout autre motif,
dans l'intervalle de quelques mois, quinze
ou vingt catalogues essaient de transformer

une bibliothèque que vous revendez ensuite, afin
d'en former une nouvelle et vous bénéficiez de la
vente. — Cela démontre que nous savons acheter
mieux que vous. Pourquoi notre gain ne serait-il
pas légitime? Est-ce que le premier limonadier
venu ne gagne pas sur les produits qu'il distri-
bue au public! Pourquoi voulez-vous que ce qui
est permis à un limonadier nous soit interdit?
D'ailleurs, quand nous vendons notre collection
afin d'en former une nouvelle, c'est peut-être que
nous avons changé de goût. Vous n'avez rien à y
voir. — On ne peut pas dire qu'ils aient tout à
fait tort. En réalité, quand même ils se livre-
raient à un acte de spéculation pure, ils exer-
ceraient un droit que les mœurs ne refusent à
personne; puisqu'il est permis à tout venant de
spéculer sur n'importe quelle valeur, on ne voit
pas pourquoi les livres seraient exclus d'une
condition commune à tous les biens mobiliers ou
immobiliers.

ce prix de circonstance en un prix définitif,
et, comme il y a un mot d'ordre entre les
marchands, ils y arrivent. Le procédé se
nomme *faire le prix d'un livre*. Il suffit de
s'entendre à huit ou dix, comme dans les
opérations de Bourse.

III

POURQUOI LE PRIX DES LIVRES ANCIENS

EST ÉLEVÉ

L'AGIOTAGE, la concurrence, le peu de littérature de certains amateurs ont compromis la réputation des livres de choix et même des livres rares (qu'il importe de ne pas confondre avec les livres de choix) dans le monde de la pensée, dans celui de l'enseignement comme parmi les savants. Leur mépris est plus apparent que réel. D'abord, la plupart, n'ayant point employé leur vie à faire pousser de l'argent, ont un revenu modeste; ils aiment les livres et sont même seuls à les aimer véritablement. Ils ne dédaignent ni la peau de vélin, ni le papier de Chine, ni le grand papier, ni les

gravures artistiques, ni la reliure, ni les
armoiries qui sont des souvenirs; ils savent
d'ailleurs le prix qu'il convient d'attacher
aux anciens monuments de la langue,
particulièrement aux éditions originales de
nos écrivains classiques, qui portent le
cachet du temps où ils ont paru et contiennent souvent des leçons précieuses à
consulter. Mais ils font plus de cas du
contenu que du contenant; les livres sont
à leurs yeux plutôt des instruments de
travail ou de plaisir que des meubles à
exposer dans un salon spécial au profit de
la vanité de leurs possesseurs. De plus, ils
sont fiers de leur manière de voir autant
que de leur supériorité réelle. — Bah!
disent-ils devant les pauvres éditions qui
garnissent les rayons de leur bibliothèque,
il vaut mieux lire Voltaire sur du papier à
chandelle que d'en posséder la belle édition
de Kehl, dont le prix est de deux mille
francs, et de n'y rien entendre. Les livres
d'un tel, qui se dit amateur, sont le fruit
du rapt et de l'usure. Il a le *Virgile* de
De Thou, la *Bible* de Maïoli, les *Oraisons*

funèbres de Bossuet en éditions originales, aux armes d'un prince du sang ou d'un homme d'Etat illustre; il sait à merveille le nom de ceux qui ont possédé avant lui ces bijoux enveloppés d'or et de maroquin; mais il ne les a pas lus et n'est pas en état de les goûter : ils sont au-dessus de son esprit, la satire de sa conduite et de sa mauvaise éducation. Ce sont des idoles qu'il a placées dans un temple afin de faire croire à la dévotion qu'elles lui inspirent. Parce qu'il a construit un temple à ces idoles et qu'il les a dorées sur tranche, il imagine qu'il est un grand saint dans le royaume des lettres ; il n'y saurait jouer que le rôle d'un goujat : c'est un âne qui a acheté des reliques. Cet autre, qui était marchand de bonnets de coton et qui s'est mis à bouquiner comme sainte Marie-Madeleine s'est mise à suivre Jésus-Christ, voudrait bien se décrasser. Il mange des oignons crus comme un ermite du mont Athos, afin de payer son relieur qui est un artiste. A son insu, ce grotesque protège les arts, ce qui est une preuve que la sottise

peut être utile à quelque chose. Il y en a que
le hasard a fait naître dans un palais, qui
s'appellent monsieur le duc ou monsieur
le marquis et n'en voient pas plus clair.
Leur impuissance ne sait à quoi se prendre.
Ils ont une bibliothèque comme ils auraient
une écurie et feraient courir des chevaux.
Ils ont découvert ce moyen de se distinguer,
faute d'en pouvoir trouver un autre. Le
signe caractéristique de tous ces gens-là
est qu'ils sont étrangers au savoir contenu
dans les livres qu'ils possèdent et que
néanmoins ils éprouvent à les posséder la
jouissance d'une femme qui a un collier
de diamants. Allons! qu'ils fassent comme
ils l'entendent.

Cette manière d'envisager la question
est fort commune parmi les gens de lettres
et les professeurs. Il y a eu des membres
de l'Académie française qui ont aimé à se
vanter de n'avoir pas même dans leur
cabinet un exemplaire de leurs propres
œuvres : Dieu n'enregistre point les oracles
qu'il prononce. Ce sont les gens de lettres,
les professeurs et les savants qui ont fait

du nom de bibliophile un terme de dénigrement. Il n'entraîne aucune incapacité ni aucun déshonneur; la qualité de bibliophile ne frappe pas de la mort civile, mais elle fait sourire certaines gens; elle signifie légèreté, amour superficiel des choses de l'esprit, assez peu de cervelle joint à une tendance maniaque chez ceux qui en sont investis. Tout récemment, dans un discours d'apparat, M. Ernest Bersot, membre de l'Institut et directeur de l'Ecole normale, ayant un éloge à décerner à M. de Chantepie, bibliothécaire de la maison, le félicitait de connaître le contenu des livres qu'il conserve; et comme M. de Chantepie est bibliophile en même temps que bibliothécaire de l'Ecole, M. Ernest Bersot ajoutait: C'est un faux bibliophile.

Cette méchante humeur des lettrés, malgré les nombreux exemples qui semblent la justifier, n'est pas fondée. L'amour des livres de luxe, et surtout l'amour des livres rares, n'exclue ni le goût, ni le talent, ni l'intelligence, ni aucun des éléments qui constituent la supériorité. De ce qu'un

parvenu accumule dans sa galerie de
tableaux une série de chefs-d'œuvre, faut-il
conclure que la peinture n'est point un art,
mais un moyen de satisfaire la sottise
vaniteuse de quelques favoris de Plutus ? Il
en est du luxe des livres comme de celui des
arts en général : on en peut abuser. Sans
sortir de France, on peut remarquer que
la plupart des hommes qui ont laissé un
nom illustre dans notre histoire depuis le
XIIIᵉ siècle, c'est-à-dire depuis qu'il existe
une littérature française, se sont fait une
gloire et un plaisir d'aimer les livres et
d'en posséder. Les ducs de Bourgogne, de
la maison de Valois, alliaient notamment
l'amour des livres à celui de tout ce qui
tend à honorer et embellir la vie. Charles V,
René d'Anjou, le duc de Berry, plusieurs
autres princes de la maison royale jusqu'à
Louis XI, imitèrent la maison de Bourgogne. Depuis Louis XI, cette passion fut en
quelque sorte un attribut ordinaire de la
couronne. La cour fit comme le souverain ;
puis ce fut le tour de la noblesse de second
ordre, de la bonne bourgeoisie à qui s'at-

taque La Bruyère dont la prudence évite de
regarder plus haut. L'irritable moraliste
égaie d'abord sa plume aux dépens de
n'importe quoi de ce qui a du crédit sur les
contemporains. A l'occasion, il affecte
vis-à-vis des écrivains eux-mêmes le dédain
dont il poursuit ceux qui ont une collection
de livres, comme en témoigne le passage
suivant des *Caractères* : « Qu'on ne me
parle jamais d'encre, de papier, de plume,
de style, d'imprimeur, d'imprimerie ; qu'on
ne se hasarde plus de me dire: Vous écrivez
si bien, Antisthènes, continuez d'écrire.
Ne verrons-nous point de vous un in-folio ?
Traitez de toutes les vertus et de tous les
vices dans un ouvrage suivi, méthodique,
qui n'ait point de fin ; ils devraient ajouter
et nul cours. Je renonce à tout ce qui a été,
est et sera livre. Bérylle tombe en syncope
à la vue d'un chat, et moi à la vue d'un
livre. Suis-je mieux nourri et plus lourde-
ment vêtu ? Suis-je dans ma chambre à
l'abri du nord ? Ai-je un lit de plume après
vingt ans entiers qu'on me débite dans la
place ? J'ai un grand nom, dites-vous, et

beaucoup de gloire. Dites que j'ai beaucoup de vent qui ne sert à rien. Ai-je un grain de ce métal qui procure toute chose ? Le vil praticien grossit son mémoire, se fait rembourser les frais qu'il n'avance pas, et il a pour gendre un comte ou un magistrat. »

La Bruyère regarde volontiers l'envers des choses humaines. Son opinion est ici ce qu'elle est souvent, un exposé des motifs qui peuvent servir à mépriser les situations personnelles les plus en vue, les côtés les plus brillants de la civilisation ; c'est une vengeance offerte à ceux qui ne sont rien, une raison de se consoler d'être petits par le spectacle du peu que vaut ce qui est grand.

La Bruyère ne manque pas de successeurs dans la tâche de déprécier le luxe des livres. Néanmoins, de nos jours, le luxe des livres a pris un essor inouï, et les prix qu'ils atteignent effraient les économistes. Est-ce une affaire d'engouement ou de reliure? Non, on verra plus loin qu'il ne s'agit pas d'engouement. Il ne s'agit pas non plus de reliure. Il est vrai que le relieur moderne est devenu un artiste comme le peintre, comme l'architecte, comme le compositeur de musique. Il y a maintenant, qu'on en rie si l'on veut, des écoles dans l'art de la reliure comme dans les autres arts. Les maîtres qui ont acquis de la réputation ont un atelier qui a sa renommée au même titre que les ateliers de peinture ; ils font des élèves, ont une manière, des secrets professionnels ; leur signature se paie ; ils la mettent aux œuvres sorties de leurs mains, et quand ils négligent de le faire les amateurs l'exigent ; ils se jalousent, ont des hauts et des bas, un nom qui se crée lentement comme celui des peintres, des sculpteurs, des architectes. Aujourd'hui, les œuvres de l'un s'emparent de la vogue au détriment des œuvres de l'autre ; demain son nom sera éclipsé par un voisin plus habile ou ayant à un plus haut degré le talent de se faire valoir. Il y a l'école de Bozérian, qui est déjà vieille et qui conserve des admirateurs posthumes ; celle de Simier, qui a joui d'un grand crédit, qu'elle a perdu ; celle de Thouvenin, qui est également compromise, à tort ou à raison, mais qui revient périodiquement sur l'eau. La reliure comme la littérature a eu en France ses périodes d'éclat et de décadence alternatives. Dibdin*, qui a voyagé chez nous durant les années 1817, 1818 et 1819, constate en ces termes la décadence de la reliure, qui s'est relevée depuis : « La décadence et la chute des empires est un thème qui nous est suffisamment connu dès notre première jeunesse ; mais la décadence et la chute de l'art de la reliure à Paris, est un thème qui n'est peut-être pas aussi familier même aux plus célèbres de nos amateurs. Au surplus, voici ce qui en est. L'art *bibliopégistique* a éprouvé une grande décadence chez les Parisiens ; mais les relieurs actuels espèrent, et déclarent même avec une certaine assurance que leur art n'éprouvera ni une chute absolue,

* *Voyage bibliographique, archéologique et pittoresque en France*, par le rév. Tho. Frognall Dibdin, traduit de l'anglais avec notes, par Théodore Licquet et G. A. Crapelet. Paris, 1825, chez Crapelet (4 vol. in-8º.)

ni une décourageante dégradation et en
cela ils raisonnent bien. Avec un peu de
soin et en accordant un peu moins à la
vanité nationale, ils ne tomberont pas à un
tel degré d'infériorité. Autrefois les Français
éclipsaient tout le monde en reliure, c'est
ce que prouvent les exemplaires des
collections de Préfond, de Boze, Gaignat,
et même de La Vallière. Nos Johnson,
Montague et Baumgarten, ne peuvent
soutenir la comparaison avec leur Duseuil,
Pasdeloup, Derome, etc., aussi bien pour
le goût que la perfection des ornements
et si vous voulez remonter trois siècles
plus haut dans l'histoire de l'art, qui
pouvons-nous mettre en parallèle avec
Gascon, que l'on croit avoir été relieur des
livres de Grolier et même de plusieurs de
ceux qui ont appartenu à Henri II et à
Diane de Poitiers ? Le restaurateur ou le
père, si vous préférez cette dernière
expression, de la reliure moderne en France,
fut Bozérian l'aîné. Les amateurs de Paris
sont enthousiastes fous des livres qu'il a
reliés. Lord Spencer possède dans un

Polybe latin de 1473, imprimé par Sweynheim et Pannartz, l'un des plus magnifiques *spécimens* du faire de Bozérian*, mais de bonne foi, je crois que ce même amateur distingué se déferait volontiers de ce volume s'il pouvait en acquérir un autre exemplaire, de dimension égale, d'une aussi bonne condition, mais relié dans le goût plus parfait de l'école anglaise. »

L'événement a confirmé l'opinion de Dibdin. Les reliures de Bozérian ne sont plus guère recherchées maintenant. Lesné, relieur contemporain de Bozérian, a écrit un poème de la reliure où il lui arrive de parodier Boileau comme dans les deux vers suivants :

Gascon parut alors et des premiers en France
Sut mettre en sa reliure, une noble élégance.

Durant une vingtaine d'années, Capé fut le grand maître de la reliure française ; Bauzonnet ne venait qu'après, à une assez

* C'est une erreur; il s'agit de Bozérian jeune. Le *Polybe* en question a figuré jadis à la vente Firmin Didot.

longue distance. La gloire de Capé est en
décadence ; ses reliures, qui ont toujours
le don de charmer les amateurs, ont
cependant diminué de prix ; on a cessé de
se les disputer avec autant d'acharnement.
Bauzonnet a repris la corde avec Trautz,
qui le continue * ; Niédrée a eu son heure,
Belz également, ainsi que Hardy ; Duru est
passé de mode, sans être expulsé des
bibliothèques d'élite. On substitue chaque
année de nouvelles réputations à ces gloires
plus ou moins évanouies qui se lèvent à
l'horizon et brillent dans leur coin, c'est-
à-dire aux yeux d'un public restreint
d'initiés. Lortic ** est maintenant le maître
reconnu et acclamé. Ses petits chefs-
d'œuvre, qui sont d'une élégance incom-
parable, ont, grâce à l'autorité dont ils
jouissent, le privilége d'être fort chers,

---

* Bauzonnet qui avait abandonné son état de
relieur à Trautz son gendre, l'a repris depuis.

** Il a été décoré à l'occasion de l'Exposition
universelle de cette année (1878). C'est la première fois que l'art de la reliure obtient cet
honneur officiel dans la personne d'un de ceux
qui l'exercent.

sinon inabordables. On se dispute à la porte de l'artiste, qu'il faut avoir la patience d'attendre quelquefois plusieurs années, ce qui est un long temps. Faire attendre le client durant une année entière est devenu un titre à la réputation. Cuzin et David n'ont pas négligé ce nouveau moyen de parvenir et tâchent de justifier la vogue qu'ils ont conquise par l'excellence de leurs produits. Les princes leur écrivent des lettres armoriées auxquelles ils répondent en rechignant sans que ce soit un titre à passer avant les autres. Mon Dieu ! ce sont des tailleurs dont on apprécie la coupe. Il en coûte désormais aussi cher d'habiller un livre qu'un gentilhomme.

On n'en était pas tout à fait là aux xviie et xviiie siècles. Les relieurs d'alors étaient déjà des artistes qui possèdent de nos jours une considération méritée, dont les reliures obtiennent souvent le prix d'une toile de maître, mais qui ne jouissaient pas du même crédit du vivant de ceux qui les ont faites. Ils ne signaient pas leurs produits ; le plus grand nombre de ceux-ci sont anonymes. Si quelques noms de relieurs de cette époque ont survécu, il importe plutôt d'attribuer le fait au hasard ou à quelque circonstance industrielle qu'à la considération de ceux qui les portaient. C'étaient des ouvriers réputés tels. Après tout, Mignard avait une boutique et payait patente comme nous l'avons dit plus haut. Les quelques noms qui surnagent parmi ceux des relieurs des xvie, xviie et xviiie siècles, sont ceux de Le Gascon, de E. et Clovis Eve, de Ruette, relieur en titre de Louis XIII et de Louis XIV, de Duseuil, de Boyet, de Pasdeloup, de Derome. Les reliures de Le Gascon sont de véritables objets d'art; les armoiries qui décorent souvent les plats des reliures dues à Boyet, Duseuil, Pasdeloup, en font aussi des objets d'art. Leur principal relief est pourtant la simplicité. Nous avons là, sous les yeux, des reliures de Pasdeloup et Derome, que rien ne distingue, sauf une correction sévère et leur solidité. Cette dernière qualité était le mérite ordinaire des reliures qui n'étaient pas faites, comme les reliures modernes, pour être placées derrière une vitrine, dans un meuble en bois d'ébène ou en palissandre, sans être destinées à se détériorer par l'usage.

Du reste, les produits de la reliure ancienne n'étaient pas considérés comme ayant une valeur artistique. Un moyen simple de s'en convaincre, c'est de consulter les prix de vente qu'ils obtiennent alors qu'ils sortent de l'atelier. Ni la main d'œuvre ni le maroquin employé n'ont de valeur vénale appréciable chez les plus célèbres amateurs du XVIIIe siècle, le comte d'Hoym, Cisternay du Fay, Rothelin, Girardot de Préfond. On n'attache de prix qu'au nom de l'auteur, à l'édition, à la conservation intérieure, à la matière du livre, et souvent ce prix est dérisoire. En réalité, l'usage est la seule considération à laquelle on obéisse. C'est à partir de 1815 que la question de luxe se pose; elle va intervenir de plus en plus. A partir de 1860, elle est devenue prépondérante; il est permis d'avancer sans risque d'exagération que, depuis cette dernière époque, la valeur moyenne des livres anciens est de quatre à cinq fois supérieure à ce qu'elle était auparavant. Quant aux livres utiles leur valeur n'a pas changé; on peut même ajouter qu'elle est inférieure à ce qu'elle était il y a deux cents ans.

Maintenant la question de luxe est-elle seule à considérer dans l'accroissement incroyable de la valeur des livres anciens? Non. Le livre de luxe actuel est à la fois commun et cher. Il constitue une partie de l'ameublement. Le goût de l'ameublement est particulier aux sociétés riches. Celle d'aujourd'hui est plus riche que celle d'aucun siècle antérieur, infiniment plus riche que la société romaine des premiers siècles de notre ère, qui était elle-même très riche. Elle a acquis des besoins conformes à ses moyens. Ce qui n'était jadis chez elle qu'une pièce de ménage est maintenant un objet d'art. Les bois des tropiques, le bronze, le cuivre, les étoffes peintes, la statuaire, l'art, en un mot, sous les formes les plus variées est venu au

secours de ses appétits de bien-être et
d'élégance. Le luxe des livres est le cou-
ronnement naturel de cet ensemble de
besoins nouveaux. Il en est aussi le symbole
le plus élevé ; il est une sorte de religion
naturaliste et païenne, religion creuse à
beaucoup d'égards mais capable de séduc-
tion et d'entraînement, qui n'exige une
grande hauteur ni d'esprit, ni de caractère,
ni de conduite. Dans l'économie de ce
culte du bien-être, le livre tient la place des
dieux lares de l'antiquité romaine, de la
madone du moyen âge, de la panoplie du
castel féodal. Ce n'est, si l'on veut, qu'une
superstition. On ne croit pas au livre,
mais il est de bon ton, quoiqu'on en fasse
souvent un jouet ou une enseigne comme
chez les avocats ou les médecins. Ceux-ci
montrent Hippocrate, les autres Pothier et
Dalloz. Cela donne de la considération à
une époque où la considération a cessé
d'être le privilége du rang ou de la vertu :
on a la considération qu'on peut. Celle qui
dérive de la possession d'une bibliothèque
de luxe n'est pas entièrement usée.

Mais comme le luxe pour le luxe est à la portée du premier venu à qui le hasard, à moins que ce ne soit le commerce, a octroyé des rentes, en matière de livres comme d'autre chose, il ne s'agit pas uniquement d'être riche, il faut l'être avec discernement. Il y a donc une aristocratie parmi ceux qui ont une bibliothèque. Tout le monde peut se procurer de la peau de vélin, du papier de Chine, du maroquin, des ouvrages à gravures. Ce n'est pas tout : il y a l'artiste et le livre rare ; c'est à ces deux signes qu'on distingue l'amateur, l'homme de goût, instruit, pourvu d'une éducation spéciale. De sorte qu'on s'évertue aujourd'hui à collectionner des livres rares et des reliures artistiques. Les livres rares ne valent rien, disait Voltaire, qui en parle à un point de vue particulier mais qui n'est pas le cas actuel. Si les livres rares ne valent rien, les tableaux de Raphaël ne valent rien non plus. Qu'on suppose en effet le pinceau de Raphaël commun à tous les peintres en bâtiments, combien les produits de ce pinceau vaudraient-ils ? Le génie dans n'importe quel genre n'est apprécié que parce qu'il est rare. S'il était à la disposition du premier venu, il ne serait pas distingué. La distinction est ce qui n'est pas commun, qui sort de l'ordinaire. C'est le commun qui ne vaut rien. On ne vend pas l'eau parce qu'il en coule dans les ruisseaux; on ne vend pas l'air parce qu'il entre dans les poumons de tout venant. Si les diamants traînaient partout comme les cailloux des champs, les femmes du monde n'en chargeraient pas leur chevelure et leurs épaules. L'amour des livres étant donné, un volume a de la valeur par le fait seul qu'il est rare.

Une des causes de cette rareté et du prix qu'on y met résulte d'ailleurs des variations du goût. Les humanistes de la Renaissance avaient répandu le goût de la littérature classique et des livres écrits dans les idiomes classiques. Jusqu'à la fin du XVIIIᵉ siècle, les livres écrits en latin ont joui du privilége exclusif d'être chers et recherchés. La critique, l'érudition, l'histoire, la morale, la philosophie, les sciences

naturelles et mathématiques parlaient latin.
Puis les langues anciennes, à la suite de
l'émancipation littéraire des langues modernes, ont perdu leur crédit. On continue
de les cultiver dans les écoles, dans les
universités et dans l'Eglise : leur règne
social est terminé, qu'il faille s'en réjouir
ou le déplorer. On en conserve les
monuments dans les dépôts publics ; ils ne
sont reçus désormais que par exception et
en petit nombre dans les bibliothèques
privées. Quand le phénomène s'est produit,
il a été suivi d'un autre auquel il était
nécessaire de s'attendre. Les langues modernes jusqu'alors tenues à l'écart, et dont
on négligeait les œuvres, ont tout à coup
pris le premier rang. C'était légitime : elles
représentent le passé de chaque race;
puisqu'elles avaient une littérature, il était
naturel qu'on en recueillît les épaves. On
se mit à l'œuvre sans retard. Or il arriva,
ce qui était à prévoir, que ces épaves étaient
rares. On n'y avait pas fait attention; les
livres écrits en langue vulgaire, comme on
disait avaient péri, ou il n'en subsistait

qu'un petit nombre d'exemplaires, la plupart endommagés. On se les disputa. Dans l'intervalle de quelques années, ce qui valait cinq sous valut cent francs. C'est de ce côté-là que l'opinion émise par Voltaire que les livres rares ne valent rien se trouva fausse immédiatement. Le moindre opuscule du moindre écrivain des xve et xvie siècles fut un trésor. Il y a une raison plus importante qui donne tort à la remarque de Voltaire, remarque que son bon sens ordinaire l'empêcherait de faire, s'il vivait de nos jours. Depuis la jeunesse de Voltaire, car il était jeune lorsqu'il a émis la maxime que les livres rares ne valent rien, depuis la jeunesse de Voltaire, la littérature française a acquis cent cinquante ans d'âge. Non-seulement elle s'est enrichie dans cette longue période, d'une multitude de chefs-d'œuvre, mais les écrivains du xviie siècle, qui étaient presque contemporains de Voltaire, sont devenus classiques au même titre que les auteurs anciens. Cette gloire, jointe à la destruction partielle des éditions originales de leurs œuvres, a donné à celles-ci une valeur considérable.

De cette circonstance est née une catégorie inconnue de livres rares, destinée à ne pas subir le va-et-vient de la mode : ce sont les éditions originales des auteurs français du siècle de Louis XIV. Ils ont fixé la langue ; ils en sont les plus illustres représentants ; leurs écrits sont des reliques que l'on conserve maintenant avec soin. Les écrits des temps antérieurs, lorsqu'ils ne sont pas des chefs-d'œuvre, sont les témoins des mœurs de la nation ; ceux du XVIIe siècle ont un mérite supérieur ; ils indiquent le moment où la langue, parvenue à maturité, confère à ceux qui la parlent ou qui l'écrivent d'une manière distinguée un droit d'enseignement pour l'avenir. Les exemplaires survivants des écrits qu'ils ont laissés sont plus précieux que les pièces déposées aux archives de l'État. Ces pièces relatives à la transmission de la propriété, aux coutumes, aux institutions, aux arts et métiers, aux actes de la royauté, des grands corps de l'État, des corporations, à la féodalité, à l'histoire, ont

un immense intérêt. Les monuments de
la littérature française en ont davantage.
Ils sont le principal objet de la tradition,
les parchemins du génie, une part importante de l'honneur public en France.

Le XVIIIe siècle, qui avait essayé de rompre
avec le passé, a échoué dans la boue
et dans le sang ; le XIXe, averti par
l'événement, s'est aperçu que la civilisation ne datait pas d'hier ; il s'est
tourné avec violence vers ce qu'on niait
la veille. Dans l'impuissance de sauver
des mœurs et des institutions qui n'étaient
plus, il a voulu au moins en ramasser les
débris. Peu à peu le territoire s'est couvert
de musées. Là on entreprit de réunir les souvenirs de la vie domestique, publique, intellectuelle, artistique des ancêtres. Qu'y avait-
il à cet égard de plus intéressant à conserver
que les œuvres de nos écrivains ? C'était
un hommage à rendre à leur mémoire, autant
qu'une satisfaction accordée à soi-même.
Leurs écrits font partie du patrimoine de
tous, sont un côté de l'histoire. Ils tra-
duisent en effet les habitudes et la manière

de penser d'une foule de générations
éteintes dont ils ont été les interprètes,
quelquefois les guides autorisés. On répète
volontiers dans la presse et dans les chaires
publiques que, le texte des anciens auteurs
ayant survécu, il n'y a pas trop à se préoc-
cuper des éditions originales de leurs
œuvres, bonnes tout au plus à contenter la
curiosité de quelques monomanes. Ceci
trahit un genre d'ignorance qu'on est
surpris de rencontrer chez des gens d'ailleurs à même d'être bons juges en un pareil
sujet. Sans doute, ces éditions originales
sont des reliques. Est-ce un si grand mal?
L'Eglise honore les reliques des saints. On
a toujours eu du respect pour les choses
qui ont appartenu aux grands hommes. Si
c'est une faiblesse, elle n'est point particulière à quelques personnes autrement
douées que tout le monde; elle est une
faiblesse de la nature humaine. Il n'y a pas
de famille, de quelque condition qu'elle
soit, qui n'attache un souvenir pieux aux
objets qui ont servi aux aïeux. Ces éditions
originales, dont on affecte de rire, ont

d'autre part un parfum *sui generis* qu'apprécient seulement ceux qui les connaissent. N'ont-elles pas en outre l'avantage plus facilement appréciable d'être la garantie des textes modernes, textes qu'il est si aisé de corrompre qu'on dirait qu'ils se corrompent d'eux-mêmes, tant il est nécessaire, à chaque édition nouvelle, de les confronter avec les anciens textes ? Il y a là une question d'histoire littéraire cachée derrière une question de textes. De gré ou non, qu'il ait voulu améliorer son œuvre, ou qu'il ait cédé à la nécessité de la modifier, l'auteur y apporte souvent des changements considérables que la comparaison des éditions publiées de son vivant peut seule indiquer, et il y a plus d'un enseignement à tirer de cette enquête. Que de fois aussi on a défiguré un texte, sous prétexte de le rajeunir ou de le corriger. Il existe en Allemagne une armée de philologues qui passent leur vie à confronter avec les manuscrits les textes des auteurs classiques. Chez nous, il y a pareillement, à l'heure qu'il est, une armée

de philologues occupés à réviser les textes
de nos écrivains nationaux. On peut
demander à ceux qui sont chargés par la
maison Hachette d'éditer la *Collection des
grands écrivains de la France* si la besogne
est facile. Ce n'est pas uniquement une
affaire de philologie. On a interpolé,
falsifié, torturé le texte de la plupart des
auteurs qui sont morts, sous autant de
mobiles qu'il y a de passions et d'intérêts
en conflit dans le domaine de la pensée.
Enfin, il y a les petits écrivains qui ont
disparu de la circulation, soit que l'indifférence les ait fait tomber dans l'oubli soit
qu'on les ait fait disparaître volontairement.
Leur mémoire est concentrée dans les
éditions du temps, sans lesquelles ils
seraient tout à fait morts.

Au sortir du règne de Louis XIV, la
littérature française avait à peine une
histoire et des antécédents. Les humanistes
avaient voulu la tuer au profit des littéra-
tures anciennes, absolument comme l'école
philosophique du xviiᵉ siècle avait voulu
tuer la tradition au profit de ses propres

idées au bout desquelles était Quatre-
vingt-treize . Les humanistes avaient
presque réussi. Leur succès durait encore
au milieu du XVIIᵉ siècle où Boileau est un
écho attardé de leur fanatisme antinational.
Jusqu'à Boileau, le mépris des livres jadis
écrits en français était à l'état de lieu
commun. Aux yeux de la critique du temps,
la prose française date des *Provinciales*
de Pascal et la poésie française de Malherbe.
Si la critique, telle qu'elle se montre dans
Boileau, est dans ces dispositions, qu'on se
figure celle des gens en *us* qui peuplent les
universités, président à l'enseignement
public, pérorent au palais ou même dans
les chaires ecclésiastiques. Les auteurs du
moyen âge sont enterrés ou manuscrits
dans les bibliothèques de couvent; ceux
qui sont postérieurs à la découverte de
l'imprimerie végètent dans les vieux fonds
de librairie ou servent à envelopper des
épices. Eh bien ! la bibliomanie a exhumé
ceux qui étaient restés manuscrits dans le
dépôts publics ou privés ; elle a opéré le sauvetage des autres dont quelques exemplaires

avaient échappé à grand'peine à la destruction. Il se trouve que ces livres rares sont
les archives de nos vieilles lettres.

Il y a autre chose : afin d'arriver à leur
but qui était de discréditer la langue
populaire au profit des langues anciennes,
les humanistes avaient affublé le moyen
âge d'un caractère odieux. Ce sont eux qui
ont inventé cette locution : la barbarie du
moyen âge, à laquelle croient encore les
longues barbes de l'école radicale. La haine
dupass é immédiat et encore vivant, inau-
gurée par les humanistes, propagée par la
réforme, le jansénisme, la décadence des
mœurs féodales, fut bientôt comme le mot
d'ordre général. On fit au régime social
dont on sortait une guerre systématique,
guerre qui a fait dire un jour à de Maistre
que l'histoire, depuis trois siècles, avait
l'air d'une conjuration ourdie contre la
vérité. Cependant les cadres de la vieille société subsistaient. C'étaient des ruines dont
on n'avait pas eu le loisir de se défaire. Et
puis si l'opinion se fait vite, les faits sont
lents à se mettre d'accord avec elle. Le

monde féodal subsistait comme une livrée ternie par les âges. Quand la Révolution vint jeter cette ruine à terre, il y eut dans les âmes une protestation d'abord secrète, mais qui ne tarda pas à réagir au dehors. On se dit qu'après tout l'ancien ordre de choses valait mieux que sa réputation, et, dans l'impuissance de le ressusciter, on se prit à le regretter. Il était dorénavant entré dans la légende. Ses racines, à l'insu de ses ennemis, couvraient le sous-sol de chaque district de l'Europe et continuaient d'y végéter fortement. On sentit le vide dans lequel on abordait avec plus d'effroi qu'on n'osait en témoigner. Le romantisme est sorti de là, l'archéologie est sortie de là, l'étude du moyen âge et de ses idiomes est sortie de là, l'histoire moderne est sortie de là, comme nos musées, comme le goût des lettres indigènes de l'époque antérieure aux temps modernes, comme le goût des livres anciens, et en un clin d'œil l'ancien régime confondu à tort avec le moyen âge, mais détruit aussi, fut l'objet du même culte. Du moyen âge, on collectionna les manuscrits, les vieux meubles, on restaura les monuments et les tombeaux ; de l'ancien régime on recueillit précieusement les tableaux, les étoffes, les monnaies, les bijoux, les livres, les livres armoriés surtout. Leur description est devenue une partie de l'histoire des mœurs autant que de l'histoire littéraire. Tout cela était moins mort qu'on n'aurait cru. A l'usage, on a vu que cette cendre d'un temps qui n'est plus, c'était la cendre de nos aïeux, qu'à chaque objet répondait d'instinct une fibre de notre cœur.

Quant aux livres du xvie et du xviie siècles, ils sont loin d'être morts ; ils servent à notre éducation, les sentiments et les idées qu'ils contiennent nous sont communiqués chaque jour par l'enseignement.

Là est le secret de l'immense disproportion qu'on remarque entre le prix qu'on attachait il y a cent ans et celui qu'on attache maintenant aux écrits des vieux écrivains français. Un *Montaigne* de l'édition de 1595, qui s'était vendu quatre livres en

1748 chez le comte d'Hoym, s'est vendu dix-huit cents francs il y a deux ans. Lorsque Victor Cousin commença à s'occuper de la société du xviie siècle et se prit d'un amour ardent pour les œuvres littéraires de cette époque, il avait acheté cent soixante francs les trente-deux pièces originales de format in-4° qui composent l'œuvre dramatique de Pierre Corneille ; on les estime aujourd'hui mille francs l'une. Il y a des pièces de Molière en édition originale qui n'étaient pas cotées il y a un demi siècle et qui valent trois mille francs chacune. Ce ne sont pas des lubies d'amateur comme on se plaît à le répéter ; c'est un côté d'une révolution qui s'opère lentement dans les mœurs, qui a envahi les hautes classes de la société, qui s'étend notoirement à celles qui sont immédiatement au-dessous d'elles, révolution qui révèle un profond retour de conscience vers le passé de la race, et qui témoigne de ce véritable amour de la patrie qui consiste dans le respect des croyances, des mœurs et des institutions qui ont fait la grandeur du pays et créé chez nous une nationalité si vigoureuse qu'elle a pu déteindre sur l'Europe et lui imposer jusqu'à nos modes et notre langue.

Revenons au prix des livres. Le seul fait que les anciennes éditions de nos écrivains, fussent-ils de troisième ordre, ont acquis une grande valeur pécuniaire est pour eux un gage de conservation qui intéresse l'avenir de la littérature française, dont ils sont la tradition inférieure. Elles avaient déjà une partie de leur valeur actuelle qu'on continuait de les détruire comme des papiers inutiles et encombrants. Dans son *Manuel du libraire et de l'amateur de livres*, Brunet, qui le premier a entrepris de fixer cette valeur, constate en ces termes le service qu'il a rendu aux lettres : « Le résultat le plus heureux, dit-il, qu'ait obtenu cette partie de mes recherches, c'est d'avoir soustrait à la destruction un grand nombre de livres précieux qui couraient le risque de subir le sort réservé aux papiers inutiles, si la valeur que je leur ai reconnue n'avait éveillé l'attention de leurs possesseurs ; c'est d'avoir empêché qu'une partie de ces mêmes livres nous fût enlevée à vil prix par des étrangers ; c'est, enfin, d'avoir suggéré aux amateurs de ces bijoux littéraires l'idée de les faire relier avec un certain luxe, ce qui en assure pour longtemps la conservation. » Ils ne seraient que des souvenirs qu'ils auraient déjà un prix inestimable. Ce genre de respect est une des passions nobles de la nature humaine, et le mépris qu'il inspire à certaines gens est un stigmate à leur front. Ce mépris est une des formes de la haine que la supériorité, celle d'hier comme celle d'aujourd'hui, inspire à l'envie impuissante et hargneuse. L'estime de ce qui fut grand ou honoré rend digne de l'être.

IV

S'IL EST VRAI QU'IL N'Y AURA BIENTOT PLUS DE LIVRES RARES A RECUEILLIR

E tempérament du bibliophile comporte une dévotion étroite; une peur l'a saisi : tout à l'heure, il n'y aura plus de livres rares à collectionner. Que son émotion se calme : quand il n'y en aura plus, il y en aura encore. Le temps et l'indifférence du vulgaire en feront. Lorsque le goût des objets d'art ancien s'est répandu au point d'en rendre l'acquisition trop onéreuse, les industriels à l'affût d'une passion nouvelle à satisfaire se sont mis à en fabriquer. Il y a des manufactures d'objets d'art ancien à Paris, à Londres, en Allemagne, en Italie, en Amérique. Il n'est donc pas à craindre

qu'on en manque de sitôt. La profession
d'expert est née du besoin de savoir distinguer un antique d'un faux antique.
Pareillement, l'imprimerie, le dessin, la
gravure, jusqu'à la photographie, se sont
appliqués à contrefaire ou à reproduire les
livres anciens dans leur état *genuine*, comme
disent les Anglais. Ces efforts n'ont en vue
que de satisfaire aux exigences d'une
maladie du goût. Ce n'était pas nécessaire;
il y aura toujours des livres rares sans qu'il
faille recourir à ces moyens, qui ne sont
qu'une exploitation odieuse d'une tendance
d'ailleurs légitime.

On se plaint donc vivement que les livres
anciens diminuent en nombre et soient à
la veille de disparaître de la circulation.
Grâce à l'instabilité actuelle des fortunes
et des familles, ceux qui existent et qui
ont été un instant confisqués et enterrés
dans les cabinets privés, sont d'abord remis
en vente tous les vingt-cinq ans. Ce sont
des valeurs que les exigences de la vie
moderne ne permettent pas d'immobiliser
indéfiniment. L'exemple de ce qui vient

d'arriver à la bibliothèque de M. Ambroise Didot est un enseignement. Le savant amateur avait hérité des siens une collection splendide ; il a dépensé une énergie tenace et coûteuse à l'augmenter pendant trois quarts de siècle ; on pouvait croire que ce serait le musée de la famille. La maison Didot est une des grandes maisons de librairie de l'Europe ; elle tient de longtemps dans la typographie un rang qui oblige. Eh bien ! ces trésors amassés lentement et conservés avec un soin jaloux sont en train de se disperser par un effet naturel de cette terrible loi du partage égal qui est le moyen inventé par le code contre la perpétuité des fortunes privées.

Sans doute, poursuivent nos bibliophiles, le mal ne serait pas irréparable si les livres sortaient d'un cabinet particulier pour entrer dans un autre et en sortir encore dans un laps de temps assez court. Mais il n'en est pas ainsi ; les bibliothèques publiques s'en emparent au passage, et, une fois entrés là, leur carrière est terminée. Les bibliothèques publiques sont des tombeaux où les livres sont voués à un repos éternel. Or, les bibliothèques publiques se multiplient à vue d'œil. Elles pullulent dans chaque contrée de l'Europe ; voilà qu'elles commencent à sévir en Amérique, spécialement aux Etats-Unis, où les dollars sont drus. Tous les hivers, des commissionnaires envoyés de la Grande-Bretagne, des Etats-Unis, du Canada enlèvent à prix d'argent le meilleur de chaque vente. Les municipalités commencent à prendre part à la curée; il n'y en aura bientôt plus une au delà de l'Atlantique ni un établissement d'enseignement supérieur, qui n'aient envie de posséder un cabinet de livres anciens achetés à prix d'or sur tous les marchés de l'Europe et destinés à n'y jamais revenir. Dans un avenir prochain, il n'y aura plus rien à glaner ; les bibliothèques publiques auront tout avalé.

On pourrait leur répondre que les bibliothèques publiques font leur métier, qu'en définitive les livres anciens sont faits pour être conservés et que, dans les bibliothèques publiques, ils ont plus de chance qu'ailleurs de ne pas périr. Ce n'est pas dans l'intérêt des amateurs que les livres anciens existent; c'est dans l'intérêt des lettres et des souvenirs nationaux. Ce double intérêt trouve une satisfaction immédiate et sûre dans le fait que les bibliothèques publiques se chargent de conserver elles-mêmes ce qui courrait le risque de ne l'être pas si on abandonnait le sort des livres rares aux caprices individuels.

Après avoir articulé les griefs énumérés tout à l'heure, le bibliophile Jacob continue en ces termes : « Ajoutez à cela que le nombre des livres rares et précieux est à peu près fixe et invariable désormais, sans qu'aucune heureuse circonstance puisse en modifier le nombre existant. Il n'y a plus de bibliothèques anciennes à découvrir, et tous les livres rares et précieux qui ont une valeur réelle sont cotés à leur taux. Il faut dire aussi que, depuis le commencement du siècle, le goût des livres a bien changé d'objet et de caractère: on ne fait plus, on ne veut plus de grandes bibliothèques; les

habitudes de la vie actuelle, le défaut
d'espace dans les appartements, l'usage
même qu'on fait et qu'on peut faire des
livres aujourd'hui, où l'on a si peu de temps
pour lire — la lecture n'a jamais tenu tant
de place dans la journée de tout le monde
— s'opposent invinciblement à ces accu-
mulations, à ces poudreux amas de volumes,
rudis indigestaque moles, que La Bruyère
appelait dédaigneusement des tanneries.
Les in-folio sont passés de mode, les
collections volumineuses semblent des
épouvantails; on dédaigne, on repousse
tous les ouvrages grecs et latins, en dehors
des classiques; on ne songe pas même à
composer un ensemble de livres spéciaux,
qui représentent un art, une science ou des
travaux professionnels. Ce qu'on redoute
par-dessus tout, c'est l'envahissement des
livres, des gros livres surtout qui s'emparent
peu à peu de la maison et qui finissent tôt
ou tard par en chasser les habitants. La
bibliothèque du bibliophile s'est donc
tranformée en salon, en cabinet, en
armoire. Il faut à peine un meuble là où il

fallait jadis une galerie ou plusieurs salles
consacrées à la bibliothèque. Le livre étant
devenu un bijou, il suffit de le mettre dans
un écrin. »

Ce n'est point en vue d'assouvir ce genre
de frivolité qu'existent les livres rares et
anciens. Si la frivolité ne trouvait plus assez
d'aliment, personne ne songerait à s'en
plaindre hors ceux dont la légèreté y serait
intéressée. C'est affaire à ceux qui en sont
affectés et qui paient des milliers de francs
un exemplaire d'un conte grivois peu utile
à conserver ou un roman obscène que les
libraires n'ont pas le droit de vendre ostensi-
blement. L'amour des livres tend de plus en
plus à se féminiser chez beaucoup de personnes d'ailleurs étrangères aux lettres, qui
placent le goût des choses de l'esprit dans la
possession d'une œuvre singulière, sans
mérite intrinsèque, tout au plus propre à
justifier les corruptions occultes qu'un
honnête homme n'ose ni avouer ni nommer.
Les amateurs de cette catégorie ne sont
pas même les petits-maîtres de l'ancien
régime ; ils aspirent à cette qualité sans y

parvenir. Ce qu'ils appellent leur écrin est un meuble dans lequel ils renferment les fantaisies les plus boueuses de la pensée des morts. Il n'y a qu'à les renvoyer au traité de Lucien auquel nous avons fait quelques emprunts. Ils ont une bibliothèque comme les femmes ont un chiffonnier et les fumeurs une boîte à cigares à compartiments, les coquettes une armoire destinée à contenir des parfumeries. Leurs livres ne sont que de la parfumerie littéraire ; ils sont aussi méprisables que le savoir qu'on y puise.

Le bibliophile digne d'intérêt est celui qui se plaît à posséder les chefs-d'œuvre de la littérature, en éditions de luxe si l'on veut, mais dans lesquelles la matière ou la reliure du livre sont un hommage rendu au génie de l'auteur. S'ils ont peu de livres, c'est qu'ils obéissent au précepte d'Ovide : *Timeo lectorem unius libri.* Sénèque, qui proscrivait le luxe des livres les approuverait. Ils ont une existence affairée, peu de loisir à consacrer à la lecture ; il est bon qu'ils se préoccupent de ne point le gaspiller, de n'avoir point à distraire leur attention au hasard, sur des routes qui les mèneraient trop loin et sur lesquelles ils craignent avec raison de s'aventurer. Là est le bon côté de la révolution opérée dans les mœurs à cet égard. Ces délicats ont trouvé le vrai moyen de se procurer des plaisirs distingués, qui font autant d'honneur à leur goût qu'à leur jugement. Ils sont plus nombreux et plus instruits qu'ils n'avaient été jusqu'ici, et ce n'est pas un mauvais signe : ils perpétuent une tradition déjà vieille et leur exemple témoigne qu'elle n'est pas à la veille de se perdre. Ils sont presque tous les disciples d'Horace, qui tient la place d'honneur dans leur collection. Or, de ce qui se passe toutes les fois qu'un lot de livres rares est à l'encan on peut conclure qu'ils sont au nombre de trois cents là où ils n'étaient auparavant que deux ou trois. Ce sont eux qui ont remis à la mode le livre de petit format, inventé au XVIIᵉ siècle par les Elzevier, qui a fini par vaincre l'in-folio, qui n'est pas seulement commode à lire, mais qui permet seul cette prodigalité d'or, de maroquin et de main-d'œuvre par laquelle ils ont l'habitude de montrer le respect intime que l'auteur de leur choix leur inspire. On pardonne ici à l'agrément en faveur de l'utile.

Cela est donc bien. Cependant les professions libérales, les lettrés, les savants, les professeurs, ne sauraient s'accommoder de ces petits calculs de l'élégance oisive et curieuse. Ils se moquent du petit format et de cette bijouterie spéciale. Or, quand il s'agit de la disparition probable ou non du livre rare, c'est leur intérêt qu'il importe de considérer, car, en fin de compte, ce sont eux qui écrivent les livres, en maintiennent l'autorité et en sont les meilleurs lecteurs; c'est à eux que les livres appartiennent; c'est pour eux que les livres sont faits. Les livres sont leur domaine, leur joie et l'honneur de leurs jours. Les autres, en ce qui concerne les livres, ne sont que des visiteurs ou des parasites qui cherchent à s'approprier le bien d'autrui. Comme ils ne sont que des passants sur les terres de la pensée, ce n'est pas à leur intention que la conservation des livres rares est un but à poursuivre. Ils n'en tireront jamais autre chose que ce qu'ils en tirent maintenant, une distraction d'une heure ou un succès d'amour propre. C'est en faveur des gens de lettres et de leurs successeurs que les bibliothèques happent au passage les livres rares, que les manieurs d'argent regrettent de voir leur échapper sans retour. Les éditions originales et les auteurs de second ordre, qui n'ont pas été réimprimés, sont indispensables, comme nous l'avons dit, à l'histoire des lettres et à celle des mœurs. Les dépôts publics ne sont pas des tombeaux mais des moyens de conservation mis par l'Etat ou les communes à la disposition exclusive et permanente du savoir et du travail. Que les dilettantes et les curieux s'arrangent comme ils pourront de l'intervention de l'Etat dans cette affaire : l'Etat fait son devoir; il poursuit une œuvre d'intérêt général et qu'on n'apprécie point assez, tandis que les amateurs et les brocanteurs ne cherchent dans les livres rares qu'une occasion de lucre ou de plaisir personnel.

Y a-t-il à craindre d'ailleurs, comme ils le prétendent, que les livres rares leur fassent défaut dans un avenir prochain? Non certes. Des livres rares, on en fait chaque jour. Un livre devient rare le jour où on ne le vend plus en librairie, c'est-à-dire le jour où il est épuisé. Parmi les livres épuisés, il n'y a que les bons livres qui aient le privilége de devenir rares ; les autres sont morts et ne deviennent point rares : le rien n'est point rare. A l'époque où les classiques latins et grecs étaient en faveur, c'étaient eux qui étaient recherchés, rares, disputés. Les incunables, les Aldes, les Elzeviers, certaines éditions de luxe imprimées en Angleterre, en Hollande ou en France excitaient la convoitise. Ils tenaient le haut bout dans les bibliothèques d'élite. Depuis l'émancipation des langues indigènes, ce sont les produits nationaux, auparavant délaissés, qui ont pris leur place.

Ce déclassement des livres rares et recherchés a détruit des trésors accumulés et donné lieu à la création d'autres trésors qui n'en étaient pas la veille. Il y a eu des

lamentations, des prédictions pessimistes
sur la chute prochaine du goût des études,
de la culture morale et intellectuelle. Ces
pronostics ne se sont pas réalisés. On a
continué de cultiver les lettres, de les aimer.
Les livres ont été l'objet d'autant de
sollicitude que si rien n'était venu déranger
les habitudes contractées. Chez nous, les
livres français, désormais en possession d'un
crédit qu'ils ne perdront plus, se sont
installés dans les dépôts publics et privés
aux lieu et place des classiques et des
humanistes dépossédés. Les poètes, les
romanciers, les chroniqueurs, les historiens,
les philosophes, en un mot les écrivains de
l'époque des origines resteront rares. On les
réimprime sans cesse, on imprime ceux qui
étaient restés manuscrits, sans rien ôter aux
vieilles impressions de leur valeur. Les vieilles impressions resteront précieuses parce
qu'elles ne peuvent plus se multiplier. Ceux
qui les possèdent les garderont. Le champ
est-il épuisé ? Non. Il s'agrandit au contraire
à mesure qu'on avance et que la littérature
nationale s'enrichit d'œuvres nouvelles.

Tout à l'heure on se bornait à recueillir les écrivains du xve siècle; ceux du xvie sont venus ensuite. Cette moisson faite, on s'est mis à collectionner les écrivains du xviie. Il n'y a pas longtemps qu'ils moisissaient dans les greniers, sur les quais, dans l'arrière-boutique des bouquinistes, dans les châteaux de province épargnés par la tempête de 89. Leur tour est arrivé; la moindre plaquette a son prix. Tel poète, qui ne faisait, selon l'expression de Boileau, qu'un saut de chez Barbin à l'épicier, est une rareté qu'on s'arrache. On les débarbouille de la crasse sous laquelle ils végétaient oubliés, on les habille de maroquin, on les dore, on les classe à côté et un peu au-dessous de ceux qui jouissent de la gloire. Ceux-ci ont grandi dans la même proportion. A la vente de M. Ambroise Didot, la première édition collective des œuvres dramatiques de Pierre Corneille a été adjugée quatorze mille francs. Molière, Racine, Boileau, La Fontaine, Pascal, Bossuet, Fénelon, Larochefoucauld, La Bruyère, tous enfin, poètes, prosateurs, théologiens, moralistes, simples conteurs comme Mme de Lafayette, pamphlétaires comme Bussy, jusqu'aux diseurs de bonne aventure, valent un domaine aux champs. On ne laissera pas une miette de ce festin offert à la curiosité et au culte du génie littéraire.

La curée du XVIIIe siècle va commencer; elle est déjà commencée. Naguère on ne prenait pas garde aux éditions originales de Montesquieu. Il y a quelques années à peine que quelques amateurs ont levé ce lièvre, et voilà qu'il court très fort. Les éditions anciennes de Voltaire traînaient dans les coins. Ce n'est déjà plus que de l'histoire ancienne. On recherche les éditions originales de *La Henriade*, de *Charles XII*, du *Siècle de Louis XIV*, d'autres encore. Prochainement il n'y en aura plus. Jean-Jacques Rousseau suivra Voltaire. On s'est déjà rabattu sur les écrivains de second ordre, dont les écrits ont encombré le XVIIIe siècle. Duclos est coté, Marivaux est coté. Les romanciers ont fait une honteuse fortune. Qui s'inquiétait, il y a trente ans, de Le Sage,

de l'abbé Prévost, de Crébillon fils, de
Mme de Tencin, de ce misérable qui a
nom Restif de la Bretonne*? Personne.
On ne s'occupait pas davantage du fatras
de Diderot, d'Helvétius, du baron d'Hol-
bach, de Saint-Martin, le philosophe
inconnu. Toute une école d'amateurs a
entrepris d'en opérer le sauvetage, et on
n'y épargne point l'argent. Après eux, la
vogue s'est jetée sur les livres à gravures.
Deux ou trois artistes ont donné le signal.
Aussitôt tout le monde s'est mis en campagne. Quinze ou vingt millions de propriété seront ainsi créés en quelques
années. M. Cohen a rédigé un manuel
de l'amateur de livres à gravures du
XVIIIe siècle, qui est déjà un *vade-mecum*
à l'usage des marchands, des artistes, des
gens du monde affolés de cette trouvaille
inattendue. On n'avait pas encore été
témoin d'un pareil engouement. Il y a tel

---

* Il est juste de reconnaître que les gravures
qui décorent les romans de Restif de la Bretonne
sont pour les neuf dixièmes dans la vogue actuelle
de ses œuvres en éditions du temps.

ouvrage de Dorat qui était au rebut,
qu'on paie deux mille francs à cause des
gravures qui le décorent. L'autre jour,
vingt-cinq vignettes qui ornent un ouvrage
oublié de Voltaire (*la Philosophie de Newton*,
1 vol. in-8°, 1738) en ont fait porter le prix
à mille francs — vente Turner. — Les
frères de Goncourt et Léon de Labessade
ont mis à la mode une autre espèce de
livre du xviiie siècle qui pourrissaient dans
l'ombre : ce sont les pamphlets de ruelles,
écrits en ce style mignard et galant qui
est le symptôme du mal dont la société
va mourir. C'est une veine ouverte et
on s'y précipite, tant il est vrai que les
incrédules d'aujourd'hui sont beaucoup
plus crédules que les pèlerins du moyen
âge. Il n'y a pas encore de manuel de
l'amateur des pamphlets galants du
xviiie siècle; il ne tardera guère d'y en
avoir un.

Eh bien! ceci regarde un passé déjà
lointain, qu'il faut avoir étudié avant de
l'apprécier, et ce ne saurait être le cas du
premier venu; une éducation spéciale est

nécessaire ; cette éducation de lettré et d'artiste — car il y a ces deux choses dans le fait d'un amateur éclairé, et ceux qui ne sont pas éclairés sont des amateurs de contrebande — cette éducation de lettré et d'artiste, disons-nous, est un privilége assez peu commun. On compte ceux qui l'ont reçue et l'acquisition des livres qui ont vu le jour dans les siècles qui ont précédé le nôtre est l'objet d'une concurrence effrénée ; cela signifie qu'il en subsiste un très petit nombre. Il y a, au contraire, une armée d'amateurs de livres modernes. On appelle ainsi les livres publiés au xixᵉ siècle. Ils laisseront un plus long souvenir dans l'histoire des lettres même que ceux du règne de Louis XIV. Le génie littéraire des deux époques n'est pas en cause. On en pensera ce qu'on voudra. Les contemporains ne sont pas en mesure d'émettre dans cette question un jugement définitif. Ce sera l'œuvre de la postérité, qui séparera l'ivraie du bon grain et sera placée à une distance convenable pour y bien voir. Ce

qui est constant dès aujourd'hui, c'est que
la production littéraire au XIXᵉ siècle, par
le nombre et par l'éclat de ses œuvres,
dépasse tout ce dont les âges précédents
avaient été témoins. Il n'y a pas seulement
l'activité de l'esprit qui a augmenté, ni
le nombre de ceux qui sont en état de
prendre part au mouvement et qui y ont
pris part, en effet; cela ne suffirait pas à
expliquer le phénomène. La cause de cette
production anormale est que deux civilisa-
tions et deux idéals se sont heurtés de
nos jours avec une violence sans exemple;
le choc des opinions opposées a occa-
sionné une sorte d'incendie moral. De
part et d'autre, le génie et l'originalité
aux prises ont créé des personnalités
inattendues, et ce qu'on n'avait pas
encore vu, pour la première fois dans
l'histoire d'une littérature, ce ne sont
plus les doctrines ni les arguments appor-
tés pour leur défense que le choc a mis
en relief, ce sont les hommes qu'il y
avait derrière. Qu'on regarde à Châteaubriand, qu'on regarde à Lamartine, à

Victor Hugo, à Lamennais, à Balzac, à Thiers, à Guizot, on fait moins attention à ce qu'ils disent qu'à eux-mêmes. Le talent les a faits rois. A mesure qu'ils produisent, on les suit avec anxiété, non à cause de ce qu'ils affirment ou de ce qu'ils nient; on assiste au développement de leur personnalité. Ce sont des spécimens de la race, des types humains; on s'admire en eux; ils honorent le temps et le pays auxquels ils appartiennent. Chacun de ces arbres a des fruits d'une saveur propre. Ces fruits sont des œuvres littéraires. On les étiquette dans les bibliothèques, comme des plantes dans un jardin botanique, sans y chercher autre chose que la variété et la couleur. C'est ce qu'on appelle l'art pour l'art. Cela n'a pas empêché chacun des écrivains du XIXe siècle de prendre une voie appropriée à son humeur ou à son aptitude. La philosophie, l'histoire, la morale, l'éloquence, la poésie, le roman, le pamphlet politique ont été, au même degré, une source abondante de chefs-d'œuvre dans chaque genre. Il y a eu des écoles; dans chaque genre aussi, ce qui n'était jadis qu'un petit cénacle ouvert à quelques adeptes est devenu un monde. Au milieu de ce chaos intellectuel, l'originalité s'est répandue dans tous les sens. Quant au résultat, nous le répétons, il reste à montrer. Est-ce un concert où l'oreille ravie ne perçoit que des sons qui n'ont plus de réalité une heure après qu'ils sont émis, ou une moisson immense? On ne sait encore trop; l'heure actuelle, qui est trouble, n'est pas à même de s'en rendre compte. Il y a eu beaucoup de mouvement, des changements à vue. Souvent ce qui était né la veille s'évanouissait le lendemain. Ce qui en reste garde cette contraction des traits qui indique une existence convulsive. De cette mêlée sans nom il semble à quelques-uns qu'il ne survit que des cendres. Il faut attendre. Dans tous les cas, la littérature d'il y a cinquante ans est aussi loin de nous que celle du siècle de Louis XIV.

Aujourd'hui, le livre et la gravure sont les derniers témoins de ce grand bruit. Il

y a dans ces débris de quoi faire la fortune
de plusieurs générations d'amateurs, qui
rendront un éminent service à l'histoire
littéraire. Contrairement aux apparences,
il n'y a pas encombrement. Notre âge use
vite les livres, parce qu'il vit très vite. Au
bout de quelques années, les meilleurs
ouvrages sont sortis de la circulation. Par
l'effet d'une circonstance étrange au premier abord, ils deviennent aussitôt presque
aussi rares que les livres du XVIIe siècle.
D'où cela vient-il? De ce qu'ils sont plus
près de nos mœurs. Ils ont beaucoup plus
d'enthousiastes que les livres anciens proprement dits. C'est ce qui est notamment
arrivé aux écrits de l'école romantique.
Elle n'a été qu'un épisode de la vie littéraire, quoiqu'en réalité elle constitue la
seule littérature que la France ait eue au
XIXe siècle. En dehors d'elle il y a eu,
sans doute, des talents et des écrivains de
premier ordre, par exemple des moralistes,
des historiens et des philosophes. Encore
la plupart lui appartiennent-ils. Bonald et
de Maistre sont des romantiques, Augustin

Thierry et Michelet des romantiques ;
Jouffroy et Cousin touchent à l'école
romantique. Les apologistes du christianisme : Lamennais, Lacordaire, Monta-
lembert, Louis Veuillot, sont aussi des
romantiques. N'y eût-il que les romantiques à nommer dans l'histoire littéraire
du temps, qu'ils suffiraient à la rendre
illustre. « Si la littérature romantique,
dit fort bien Charles Asselineau *, n'est
pas la littérature du XIXᵉ siècle, le
XIXᵉ siècle n'a pas de littérature. Retran-
chez de la littérature contemporaine tous
les écrivains, tant poètes que prosateurs,
qui ont été flétris ou honorés de l'épi-
thète de romantiques; ôtez Châteaubriand,
Mᵐᵉ de Staël, Lamartine, Victor Hugo,
Alexandre Dumas, Charles Nodier, Alfred
de Vigny, Sainte-Beuve, Emile et Antony
Deschamps, Balzac, Auguste Barbier,
Georges Sand, Th. Gauthier, Mérimée,
Alfred de Musset, J. Janin, Mᵐᵉ Valmore,

---

* *Mélanges tirés d'une bibliothèque romantique,*
1 vol. in-8º, 1866.

et je vous demande ce qui vous restera. »
Il en resterait bien quelques-uns; on en
ferait même un beau bouquet. Mais la
plupart sont des étoiles errantes ou les
représentants d'écoles disparues. Quoi
qu'on fasse, les romantiques donneront à
la littérature contemporainé sa physio-
nomie définitive. Il ne s'écrit pas une
ligne, il ne se fait pas un vers, il ne
pousse pas une fleur dans le champ de la
pensée qui n'aient été nourris de cet
engrais.

Les œuvres des romantiques ont donné
lieu à la formation d'une foule de bibliothèques de choix qui ne doivent rien à
celles qu'on a pu créer en dehors. L'art a
contribué à les illustrer; il serait pour elles
une sauvegarde, quand même elles ne
parviendraient pas à se défendre toutes
seules contre l'oubli. Il est un des motifs
principaux de la faveur qu'elles rencontrent.
L'essor de l'art moderne est lié d'une manière intime à celui de l'école romantique.
La peinture, la statuaire, la gravure, l'architecture ont associé leurs efforts aux

siens. Leur destinée sera commune. Il en est de même de la librairie. Il y eut une librairie romantique comme un art romantique. Chaque époque a son format, une façon à elle de construire et d'orner un livre. On ne confond ni un Alde ni un Elzevier avec le produit d'une autre imprimerie. A cet égard encore, les romantiques ont un cachet qui leur servira de passeport devant les amateurs futurs. « L'école romantique, dit Charles Asselineau dans l'ouvrage que nous avons cité plus haut, l'école romantique a·eu l'in-8° de Gosselin et de Renduel, les impressions d'Everat; elle a eu les eaux-fortes de Célestin Nanteuil, les vignettes de Johannot, de Devéria et de Jean Gigoux, et la gravure sur bois restaurée par Thompson et Porret. »

Les livres romantiques ont déjà une légende et un historien, Charles Asselineau, que la poésie a chanté :

Hamlet qu'on abandonne
Est seul et sans couronne,
Même dans Elseneur :
Adieu l'honneur

De l'âge romantique !
Mais de la chaîne antique
Garde nous chaque anneau,
Asselineau !

Comme le vieil Homère,
Savamment énumère
Les princes, les vassaux
    Et leurs vaisseaux,

Redis-nous cette guerre,
Les livres faits naguère
Selon le rituel
    De Renduel!

Fais les voir à la file!
Jusqu'au bibliophile
Montrant page et bourrel
    Jusqu'à Borel;

Car tu sais leur histoire
Si bien que ta mémoire
N'a pas même failli
    Pour Lassailly *.

Les notes d'Asselineau ne sont que des esquisses fort incomplètes. Elles attendent un metteur en œuvre. D'ici là, des curieux préparent la besogne. Ce sont, dit-on des fanatiques. Le fait est qu'il y en a des centaines qui consacrent une fortune entière à ramasser ces reliques. Ils offrent d'une plaquette obscure d'un romantique maintenant aussi inconnu que s'il était inédit, plus que les amateurs de haute volée ne donneraient d'un manuscrit orné de miniatures précieuses. Ceux que l'Etat a commis à la garde des trésors littéraires qu'il possède, et qui ont charge d'enrichir les dépôts confiés à leurs soins, rient volontiers de cette manie. Il n'y a pas longtemps qu'ils riaient aussi de la fureur de ceux qui

* Ces vers sont de Théodore de Banville.

couvraient d'or le moindre opuscule des poètes et des conteurs du XVIᵉ siècle; puis ils n'ont plus ri et se sont mis à les acheter eux-mêmes à des prix dix fois plus élevés qu'ils ne les auraient payés quelques années auparavant. Ils ont l'habitude de venir à l'heure où l'on paie cher; ainsi arrivera-t-il pour les œuvres de l'école romantique. Ils en sentiront le mérite alors qu'il n'y aura plus moyen de se les procurer sans être rançonné.

Ceci concerne cinquante ou soixante écrivains, la plupart poètes et romanciers, qui ont renouvelé le vieil idéal qui végétait dans une forme décrépite, rajeuni la langue et les idées, ouvert une carrière neuve à des sentiments naturels qne le souffle de Voltaire et de l'*Encyclopédie* avait flétris ou corrompus. C'est par le roman encore plus que par le vers et par l'histoire que la littérature contemporaine a reverdi. « Si le roman, remarque Asselineau, est sorti des fadeurs et des frivolités de la fin du dernier siècle ; s'il est devenu une œuvre virile et sociale qu'on a pu lire et écouter sans honte ;

si le drame a surpris et ému; si le vers a
retenti deux fois sur l'enclume; si la prose
a guéri des langueurs et des chloroses du
style académique, et si elle a repris la
vigueur et l'éclat de la santé, c'est à ceux-
là — aux romantiques — que nous le
devons; c'est à leur franchise, à leur cou-
rageuse horreur de l'ennui, à leur amour
sincère du nouveau, de la joie, de la vie,
et enfin à cette témérité juvénile qui n'a
reculé ni devant le ridicule ni même devant
l'absurde pour assurer au XIXe siècle cette
précieuse conquête, la liberté de l'art. »

C'est à ce titre que les poésies de
Lamartine, d'Alfred de Vigny, d'Alfred de
Musset, comme celles de Victor Hugo, que
les romans de Châteaubriand, de Balzac,
de George Sand, de Jules Sandeau,
d'Alexandre Dumas, même ceux de Frédéric Soulié, d'Eugène Sue et de Paul de
Kock, qu'une foule d'autres écrits de nature
variée, drames, comédies, aventures, récits
de voyages, roman historique, fabliaux et
contes exhumés de la poussière des bibliothèques, sont le vrai bagage littéraire du

xixe siècle, lui serviront de parchemins dans l'avenir. Ceux qui les recueillent font une œuvre patriotique, et ils ont, comme on voit, du pain sur la planche. Quelle part faut-il accorder au goût du luxe dans l'entreprise? Elle n'est pas aisée à déterminer; mais elle est à coup sûr considérable. A le bien prendre, le goût et l'amour des lettres sont un luxe. Ils sont uniquement à la portée de ceux à qui le luxe est accessible, et par luxe il est juste d'entendre le bien-être : le bien-être matériel et le bien-être de l'esprit, qui vont ensemble, car l'un est la condition de l'autre.

En matière de livres comme ailleurs, il y a l'usage et l'abus. Ici l'abus est d'ordinaire inoffensif; tout au plus prête-t-il quelquefois à d'innocents ridicules. Au fait, le luxe des livres est passé dans les mœurs; on ne l'en ôtera point. Il est un relief éminent de la civilisation et durera autant qu'elle. Sa destinée est liée à celle des arts; le livre est l'art par excellence, à ce point que l'estime qu'il inspire peut servir à mesurer le degré de culture morale dans chaque individu. Il y a un mépris des livres qui est au-dessus de cette culture et la domine de haut, mais il trahit un genre d'élévation si peu commun que dans la pratique il n'y a pas lieu d'en tenir compte. Ce n'est pas lui que le vulgaire a le droit d'invoquer. Ce n'est pas derrière lui non plus qu'ont le droit de se cacher ceux qui dressent des bibliothèques dans leur cave et se félicitent volontiers de leur bon goût *. Celui des livres est une marque de distinction, même chez ceux en qui il est devenu un amour spécial de la propriété, car il y a des amateurs qui sont une simple catégorie d'avares.

---

* C'est une vieille histoire et qui ne finira pas demain. Ceci rappelle une anecdote racontée par Balzac. On l'invitait à dîner. — Votre bibliothèque est-elle bien fournie ? — Je vous entends : vous y trouverez les meilleurs écrivains de la Champagne, de la Bourgogne et du Bordelais.

TABLE

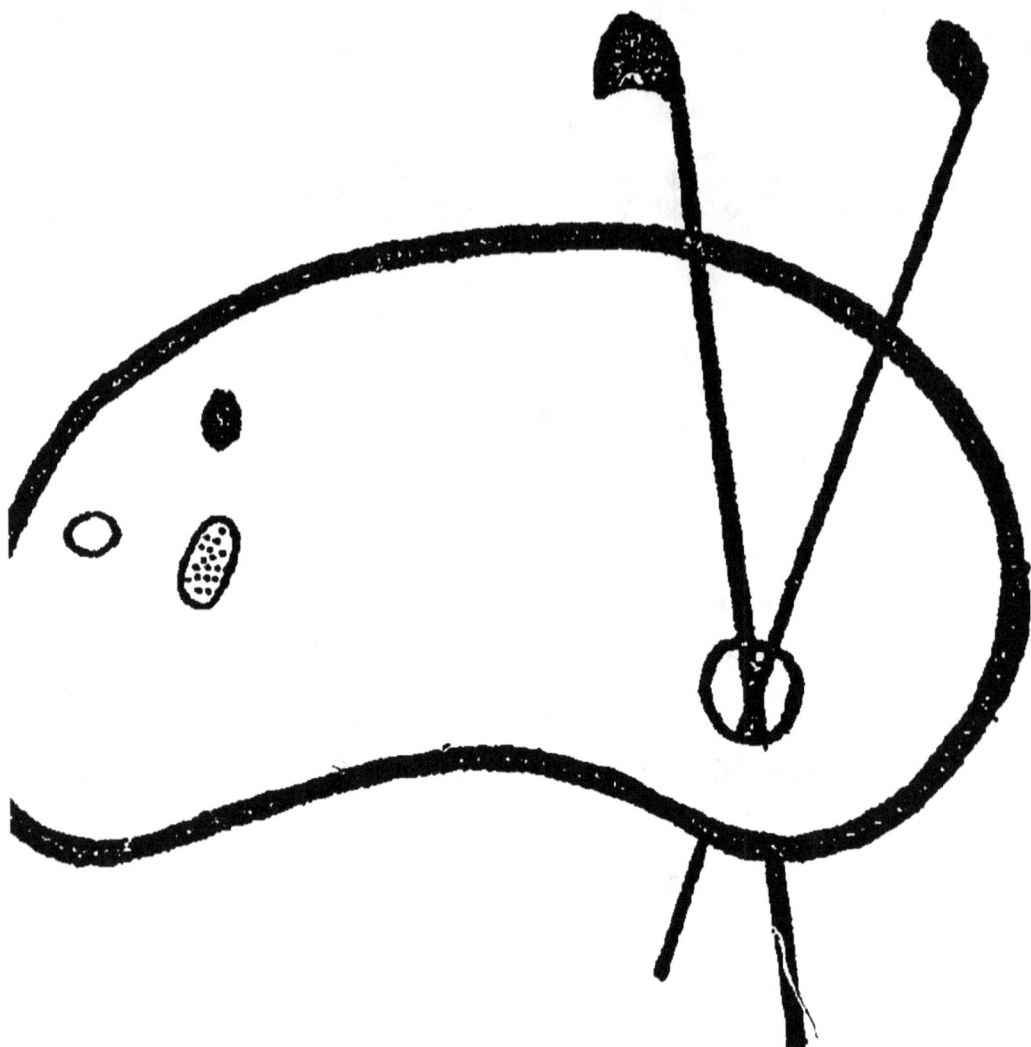

ORIGINAL EN COULEUR

NF Z 43-120-8

ACHEVÉ D'IMPRIMER

SUR LES PRESSES DE

DARANTIERE, IMPRIMEUR A DIJON

le 30 novembre 1878

POUR

ÉDOUARD ROUVEYRE

LIBRAIRE ET ÉDITEUR

A PARIS

LIBRAIRIE ANCIENNE ET MODERNE
ÉDOUARD ROUVEYRE, I, RUE DES SAINTS-PÈRES, PARIS

EN SOUSCRIPTION

POUR PARAITRE PROCHAINEMENT

Les RUELLES du XVIIIe SIÈCLE

Par *LÉON DE LABESSADE*

Préface par

ALEXANDRE DUMAS FILS

de l'Académie française

EAUX-FORTES PAR MONGIN

Couvertures et titres, nombreux fleurons, lettres et culs de lampe, gravés sur des documents de l'époque.

LES EAUX-FORTES IMPRIMÉES PAR A. SALMON

Deux magnifiques volumes in-8º couronne, de 350 pages chacun, couverture et titre ornés, imprimés en rouge et noir, et tirés avec grand luxe par Bluzet-Guinier.

Imprimés à 600 exemplaires tous numérotés

500 exemplaires sur papier vergé de Hollande à la forme.	20 fr.
50 — — Whatman Turkey-Mill	40 »
20 — — de couleurs	40 »
15 — — de Chine véritable	50 »
12 — — du Japon	75 »
3 — sur peau de vélin . . . . . , ...	150 »

Avis concernant les exemplaires de luxe

L'éditeur n'a pas reculé devant les frais d'une imposition nouvelle, *spéciale* aux exemplaires imprimés sur papier de choix, voulant que ces exemplaires soient de véritables grands papiers, c'est-à-dire que la marge du fond soit en rapport avec les marges extérieures. En outre, ces exemplaires de luxe auront trois états de chaque eau-forte, avant la lettre, en noir, en sanguine et en bistre. Une couverture, qui, à elle seule, sera un chef-d'œuvre d'exécution, sera faite spécialement pour chaque volume des exemplaires de luxe.

Les deux eaux-fortes, dues à la pointe d'un artiste délicat, plein de talent et d'avenir, qui sait unir la science à l'inspiration, représenteront *les*

amoureuses et les parleuses du xviiie siècle; elles
seront tirées par M. Salmon, c'est tout dire au
point de vue de la netteté et du fini; *les exemplaires de luxe auront trois états avant la lettre, en
noir, sanguine et bistre.*

Le xviiie siècle est aujourd'hui en pleine renaissance; ses poètes, ses conteurs, son théâtre,
ses charmantes parleuses, leurs malices cruelles
et spirituelles colportées de la ville à la Cour et de
la Cour à la ville, — ses nouvelles à la main, les
mille indiscrétions d'une société blasée, composée
d'élégants, de viveurs et de sceptiques, — ces bruits
de paroles étouffées, ces rumeurs de baisers que
l'on dérobe, le rouge, la poudre et les mouches de
cette époque, — les sottisiers, les libellistes français et anglais, les gazetiers hollandais, Mercures,
Anas, auteurs aristocratiques, pièces satiriques et
burlesques, Ruellistes de Cour, sociétés galantes,
cabinet d'esprits, bulletinistes et feuilles volantes,
salons littéraires, nouvellistes, fugues de tout
genre, — voilà nos *Ruelles.*

Un ouvrage de cette nature ne s'analyse pas; il
faut le lire, car il s'adresse aux savants, aux amateurs, aux bibliophiles, aux gens du monde, aux
femmes surtout, car nulle époque ne fut plus élé-
gante et n'eut autant de politesse, autant de raffi-
nement dans le langage et dans les manières. Les
seigneurs de la Cour savaient reproduire admira-
blement le dandysme si français, si aisé, noble et
familier, du duc de Richelieu, l'allure piquante,
talon-rouge et fière de Lauzun, la grâce aristocratique, le grand air d'excellente compagnie d'un
Rohan, — le tout rehaussé par la belle humeur
d'un siècle qui souriait avant de mourir, par ces
adorables taquineries du geste et de la phrase, ces
critiques enjouées et cependant à l'emporte-pièce,
ces vives saillies, marquées au coin d'une duchesse
originale ou d'une vindicative épistolière. Rires et
baisers, esprit et grâce, ne reconnaît-on pas là les
dieux peu vêtus du xviiie siècle ?

L'auteur, voulant marquer le caractère de son
œuvre, s'exprime ainsi : « Les friands morceaux,
« les méchancetés rimées, les curieuses révéla-
« tions, cyniques plus d'une fois, toujours sans
« retenue, les vengeances de femme contenues dans
« un quatrain, dans un sixain, dans une réponse,

« une lettre, un geste, un mot, abonderont dans
« notre livre, qui comblera — nous le souhaite-
« rions du moins — une regrettable lacune dans
« l'histoire littéraire et anecdotique du siècle qui
« vit s'épanouir la Régence, qui assista aux fêtes,
« aux triomphes, aux dominations, aux caprices
« des Reines de la main gauche. L'amour resta la
« préoccupation du temps, son désir, sa constante
« pensée, sa passion profonde, son désespoir et sa
« folie. Le xviiie siècle aima la femme jusqu'à la
« démence, jusqu'à l'oubli du devoir.

« Ce caractère fin, acerbe, persifleur, avec le
« mordant du sel gaulois, quelque chose comme
« le *slang* des Anglais transplanté en France, in-
« fusé dans notre langue romane, ce parler si
« léger et d'allure parfois si narquoise, ces échap-
« pées de belle humeur, ces joyeusetés à tout rom-
« pre, ces malices féminines passant sous le couvert
« d'un rire qu'on a peine à contenir, — tout cela
« formera le caractère de notre livre et peut-être
« son attraction.

« S'il faut, comme l'a dit Delvau, *moucher un*
« *mot morveux*, nous ne reculerons pas devant
« cette opération; cette œuvre délicate accomplie,
« nous tâcherons de conserver à la phrase le par-
« fum adouci du mot trop haut en couleur.

« L'histoire en robe de chambre, voilà nos
« *Ruelles;* aussi, sans perdre leurs sourires, leurs
« saillies provocantes, leur folle gaîté, auront-elles
« un rapide regard, une école buissonnière, une
« promenade nonchalante, qui leur permettront
« de toucher çà et là aux réalités de l'histoire;
« — mais que l'on se rassure, elles n'y toucheront
« qu'avec les ailes de la fantaisie, la bonne et douce
« humeur d'une âme remplie d'optimisme.

« Nos *Ruelles* riront, elles riront à gorge déployée;
« le rire est sain, il est contagieux, *cette joye de*
« *l'esprit en marque la force*, un mot bien vrai du
« xviie siècle; — le rire est un fruit délicieux du
« terroir français. Les Anglais ont leur humour;
« c'est une pointe bien différente de notre rire.
« Donc, si on le permet, nos *Ruelles*, sans cesser
« d'observer, de chercher, de fouiller, d'exhumer,
« riront et jaseront à leur ordinaire. Rire et jaser,
« deux excellents défauts, qui valent bien d'autres
« qualités. »

Voici le titre des vingt-cinq chapitres qui formeront les deux volumes :

On le voit, c'est une vaste enquête sur le XVIIIᵉ siècle, son âme, son génie, ses amours, sa littérature, sa politique, ses mœurs, sa vie publique et sa vie privée, son esprit et son cœur. Les Ruelles du XVIIIᵉ siècle *sont faites sur un manuscrit de l'époque*. Ce n'est pas la réimpression d'un ouvrage quelconque, *ce sont des documents la plupart inédits, les autres peu connus.* Les Ruelles sont appelées à beaucoup de retentissement ; le parfum littéraire, le tour d'esprit, le brio de la langue du XVIIIᵉ les feront rechercher ; elles s'adressent aux curieux en particulier, aux philologues, aux lettrés, à tous ceux qui étudient. — Le lecteur connaîtra à fond ce XVIIIᵉ siècle si piquant, si guilleret, si collet monté en public, si dépravé à l'intérieur.

LIBRAIRIE ANCIENNE ET MODERNE
ÉDOUARD ROUVEYRE, I, RUE DES SAINTS-PÈRES, PARIS

VIENT DE PARAÎTRE

LE BRIC-A-BRAC

DE

L'AMOUR

PAR

OCTAVE UZANNE

préface de

J. BARBEY D'AUREVILLY

Eau-forte frontispice composée et gravée par
Adolphe LALAUZE

Un beau volume in-8° couronne, imprimé
sur papier vergé, nombreux fleurons,
culs-de-lampe et lettres ornées imprimés
en couleur, titre bleu et noir. . . 5 fr.

JUSTIFICATION DES TIRAGES DE LUXE

4 Exempl. impr. sur parchemin, numérotés	de	1 à 4.	80 fr.
6 — — — papier du Japon —	de	5 à 10.	40 fr.
10 — — — — de Chine —	de	11 à 20.	25 fr.
30 — — — — Whatman —	de	21 à 50.	12 fr.

TIRAGE IMPRIMÉ EN COULEUR

Fleurons, lettres ornées et culs-de-lampe
en bleu flore, texte en rouge minéral.
50 exemplaires imprimés sur papier
Whatman, numérotés de 51 à 100. 25 fr.

LIBRAIRIE ANCIENNE ET MODERNE
ÉDOUARD ROUVEYRE, I, RUE DES SAINTS-PÈRES, PARIS

DES CINQ ESCOLIERS
SORTIS DE LAVSANNE, BRVSLEZ A LYON

Un magnifique volume in-folio (214 pages), papier vergé, avec
vignettes, lettres ornées et planches gravées sur bois. . . 15 fr.

MARTIAL ALBA, PIERRE ESCRIVAN, BERNARD
SEGUIN, CHARLES FAVRE, PIERRE NAVIHERES.
— *Epîtres aux cinq de Lyon.* Documents de la bibliothèque Vadiane, à Saint-Gall. — Publication
imprimée avec grand luxe par J.-G. FICK.

ANNALES
DE LA
TYPOGRAPHIE NÉERLANDAISE
AU XVᵉ SIÈCLE
PAR F.-A.-G. CAMPBELL

La Haye, 1874, in-8° (XVIII et 630 pages), papier vergé. 20 fr.

Cet ouvrage forme la statistique complète de la
palœotypognosie néerlandaise et donne la description la plus complète : 1º des 665 incunables
que possédaient déjà en 1856 les dépôts de La
Haye; 2º des 150 anciennes impressious dont s'est
enrichie depuis lors cette bibliothèque royale;
3º d'un millier d'impressions du xvᵉ siècle.

Le Bibliophile français, texte par les premiers
écrivains. Eaux-fortes, gravures sur bois, chro-
molithographies, par les premiers artistes. Ouvrage indispensable aux amateurs de livres, aux
libraires, aux bibliothécaires, aux relieurs, aux
bibliographes, aux membres des sociétés savantes,
etc., (1868-1878). Ouvrage complet formant 7
volumes grand in-8, imprimés avec luxe sur papier
de Hollande. Prix des 7 volumes brochés, au lieu
de 175 fr., 80 fr.

LIBRAIRIE ANCIENNE ET MODERNE

ÉDOUARD ROUVEYRE, I, RUE DES SAINTS-PÈRES, PARIS

OUVRAGES

D E

M. Octave Delepierre

MACARONEANA ANDRA, overum nouveaux mélanges
de littérature macaronique. In-8º carré (180 p.),
imprimé sur fort papier vélin, titre rouge et
noir . . . . 15 fr.

*Depuis dix ans, les journaux consacrés à la Bibliographie ont jeté un
nouveau jour sur plusieurs œuvres macaroniques peu connues. Cette forme
de poésie présente de l'intérêt sous le rapport philologique, et même philosophique, elle a cela de particulier qu'elle est comprise par chacun sans
qu'il soit besoin d'en faire une étude.*

LA PARODIE chez les Grecs, chez les Romains et
chez les Modernes. In-8º carré (182 pages), titre
rouge et noir. . . . . 15 fr.

*La parodie, fille aînée de la satire, est aussi ancienne que la poésie même.
Il est de l'essence de la parodie de substituer toujours un nouveau sujet à
celui qu'on parodie ; aux sujets sérieux, des sujets légers et badins, en em-
ployant autant que possible les expressions de l'auteur parodié.*

HISTOIRE LITTÉRAIRE DES FOUS. Petit in-8º (IV et 190
pages), titre noir et rouge. . . . . 7 fr. 50

*La première section de cet ouvrage traite des fous théologiques ; la se-
conde, des fous littéraires proprement dits ; la troisième, des fous philoso-
phiques, et la quatrième, des fous politiques.*

L'ENFER, essai philosophique et historique sur les
légendes de la vie future. Petit in-8º (IV et 158
pages), titre rouge et noir. . . . . 15 fr.

*Visions de Thespésius (Plutarque), de Fursy, de Saint-Sauve (Grégoire
de Tours), de Charles I.* *Chauve, de Tondal, d'un chanoine au sujet de
la vie scandaleuse de l'archevêque Udon, d'Engelbrecht, de Swedenborg,
etc., avec notes bibliographiques et index.*

ANALYSE DES TRAVAUX DE LA SOCIÉTÉ DES PHILOBIBLION
de Londres. In-8º carré (VIII et 134 p.) Imprimé
sur fort papier teinté, titre rouge et noir. 16 fr.

*Les ouvrages publiés par la SOCIÉTÉ DES PHILOBIBLION, inconnus au
public, renferment beaucoup de détails littéraires et de matériaux que les
curieux seraient charmés de consulter. C'est ce qui a engagé l'auteur à
donner l'analyse de 62 de ces ouvrages.*

EN COURS DE PUBLICATION

A LA LIBRAIRIE ÉDOUARD ROUVEYRE

I, RUE DES SAINTS-PÈRES, A PARIS

MISCELLANÉES BIBLIOGRAPHIQUES, *Abonnement : un an, 6 fr.* — Chaque année forme un beau volume in-8°, imprimé avec luxe sur papier vergé teinté, et est terminée par une table des matières.

Les numéros parus jusqu'à ce jour contiennent entre autres articles intéressants :

Livres français perdus, par G. Brunet. — *Du papier,* par Jehan Guet. — *Signes distinctifs des éditions originales de Montesquieu,* par L. Dangeau. — *Remarques sur les éditions du XVᵉ siècle et sur le mode de leur exécution,* par P. Lambinet. — *Du prêt des livres,* par Octave Uzanne. — *De la classification des autographes, des estampes et des gravures,* par Ed. Rouveyre. — *Quelle est la véritable édition originale de « Phèdre et Hippolyte » de Racine,* par Asmodée. — *Du nettoyage des estampes et des gravures,* par Jehan Guet. — *Fac-simile du titre de la première édition du Grand Voyage au pays des Hurons,* par Gabriel Sagard Théodat. 1632. — *Procédé pour raviver l'écriture sur les vieux parchemins.* — *De la multiplicité des livres,* par Van de Weyer. — *L'illustromanie,* par Octave Uzanne. — *Fac-simile de la première page d'un manuscrit d'amour du XVIᵉ siècle.* — *Livres imaginaires et souvenirs de bibliographie satirique,* par René Kerviler. — *La véritable édition originale des caractères de Théophraste (par La Bruyère) et celle des réflexions ou sentences et maximes morales (par le duc de Larochefoucauld),* par Asmodée. — *Les prières de la marquise de Rambouillet,* par Prosper Blanchemain. — *Edwin Trossa et ses publications,* par le bibliophile Job. — *Alfred de Musset et ses prétendues attaques contre Victor Hugo,* par Ch. de Lovenjaul. — *Les annotateurs de livres,* par Octave Uzanne. — *Livres à clef,* par le bibliophile Job. — *Les manuscrits du XVIIIᵉ siècle,* par Loys Francia. — *Quelle est la comtesse des plaideurs de Racine,* par J. Oldbook. — *Un livre rarissime imprimé à Toulouse : las ordenansas et coustumas del Libre blanc. Tolosas 1555,* par le bibliophile Job. — *Livres découpés à jour,* par Gustave Monravit. — *Du plagiat,* par Alexandre Piedagnel. — *Nouvelles remarques sur les Petits conteurs, édition Cazin, Paris 1778,* par Asmodée. — *Les impressions microscopiques,* par Louis Mohr. — *Des livres et des bibliothèques.* — *Catalogue des anagrammes, devises et pseudonymes de poètes du XVIᵉ siècle,* par Prosper Blanchemain, etc., etc.

LIBRAIRIE ANCIENNE ET MODERNE

ÉDOUARD ROUVEYRE, I, RUE DES SAINT-PÈRES, PARIS

VIENT DE PARAITRE

LE DROIT DU SEIGNEUR

ET LA

ROSIÈRE DE SALENCY

Par Léon de Labessade

Un beau volume in-12 (XVI et 260 pages), titre rouge et noir, couverture illustrée, imprimée en deux couleurs sur papier reps anglais, vignettes et culs-de-lampe spéciaux, dessinés par Marius Perret, et imprimés en rouge.

Exemplaire impr. sur papier	vergé de Hollande à la forme.			4 fr.
65 —	—	—	Whatman Turkey-Mill 36 à 100.	8 fr.
20 —	—	—	de Chine (nos 16 à 35)	12 fr.
10 —	—	—	du Japon (nos 6 à 15)	20 fr.
4 —	—	—	parchemin (nos 2 à 5)	*vendus*
1 —	—	—	papier bleu, nº 1 (vendu).	

Sous ce titre, *Le Droit du Seigneur*, l'auteur a recherché dans l'histoire les traces de ce droit, — qui serait assurément aujourd'hui une haute nouveauté; les vestiges historiques ne manquent pas. Le passé, interrogé, a répondu par toutes ses voix: conteurs et poètes, feudistes et nobiliaires, coutumes et redevances féodales, manuscrits des franchises et des charges provinciales, récits et chansons, témoignages d'auteurs autorisés, noms propres de lieux et de personnes, circonstances et dates, — en un mot, tous les éléments propres à baser une certitude. Ce travail est un coup d'œil jeté sur le moyen âge, sans parti pris, sans intention blessante.

La *Rosière de Salency* est le pendant *du Droit du Seigneur*, — c'est la vertu opposée à quelque chose qui n'est pas précisément cela; c'est, d'ailleurs, une antithèse historique voulue par l'auteur; elle est assez frappante pour que l'on s'y arrête. N'est-il pas permis de transporter dans la littérature les contrastes, les oppositions révélés par l'étude de l'homme à travers les siècles ?

DROIT DU SEIGNEUR. — Entre Manants. — De Seigneur à Manants. — Au Bibliophile Job. — Sonnet au Passé. — Un Mot. — *I. Quelques re-*

marques sur la langue. — *II. Préliber, Prélibation, Définition.* — Littré, Voltaire et l'Académie. — Nécessité absolue d'expurger les textes. — Définition du droit de prélibation. — Ecclésiastiques jouissant de ce droit. — Punition de l'adultère dans le Dauphiné, dans le Lyonnais. — Origine curieuse de Montauban en Quercy; protection d'Alphonse, comte de Toulouse. — Droit de quelques seigneurs de l'Auvergne. — Sens critique de la femme. — *III. Les différents noms donnés au droit de préliber.* — *Coutumes avec l'indication des localités.* — En Allemagne, en Angleterre, en Flandre et dans les Pays-Bas, en Italie, en France. — Faits observés en Picardie, en Normandie, en Angleterre, en Écosse, aux Pays-Bas, en Allemagne, en Italie, en France (Vienne en Dauphiné, Lyon, Mâcon), en Bourgogne, à Fère en Tardenois, à Nevers, en Auvergne, à Bourges, en Anjou, à Limoges, à Laguenne, près Tulle, à Buch en Guyenne, en Gascogne, à Fons en Quercy, à Toulouse, à Châteauroux, etc. — Droit curieux du seigneur de Pacé, près Saumur. — Droit impertinent des anciens seigneurs de Montluçon en Bourbonnais. — Exemple étonnant d'un seigneur du Vexin normand. — Droit des fillettes. — Droits du sire de Mareuil en Ponthieu, du seigneur de Larivière-Bourdet, du chantre de Mâcon, des évêques d'Amiens, des religieux augustins de Limoges. — Objet acheté gratis par le comte de Poix. — Les trente-six deniers de l'abbesse de Caen. — Etc., etc. — *IV. Un mot que tout le monde comprend sans le secours des humanités. Les coutumes particulières.* — *Les redevances, les dates et les documents.* — Droit du seigneur de Louvie et franchise du premier-né de ses vassaux. — La prélibation historiquement prouvée. — Lois du baillage d'Amiens. — Coutume de Drucat. — Article 14 du droit de l'abbé de Blangy en Ternois. — Beaux droits du seigneur de Barlin. — Article 24 de la coutume d'Auxi-le-Château. — Article 4 du coutumier de Mesnil-les-Hesdin. — Droit du seigneur établi sur preuves irréfragables. — Coutumier de Dercy. — Hommage rendu à la vénérable dame Rugua, femme du comte de Ponthieu. — Évêques d'Amiens tenaces sur le droit du seigneur. — Répit de Saint-Firmin. — Province de Picardie, une des plus maltraitées par la prélibation. — Monuments écrits. — Ligne de conduite des moines de Savigné. — Redevance en argent à Alençon. — Droitures de mariage du seigneur de Crèvecœur-en-Aulge. — Texte de la charte du 13 juillet 1606. — Coutume bretonne. — Hector Bœthius et le droit du seigneur en Ecosse. — Le formariage constaté en Belgique par le père Papebrock. — Langage des Chartes. — Coutumier général de Bourgogne. — Droit des seigneurs auvergnats. — Cas incroyable d'un curé de Bourges. — Etc., etc. — *V. Situation de la femme sous la domination des seigneurs.* — Montesquieu et le droit du seigneur. — Etroite domesticité de la femme au moyen âge. — Délicatesse, énergie, devoir de la femme serve. — Enfer moral et social. — Les dames et les vassales ; étranges contrastes. — Etc., etc. — *VI. Les contradictions et les obscurités du moyen âge.* — Superstition et grossière erreur. — La pensée poursuivie et brûlée vive en place de Grève. — Distinction des femmes au moyen âge. — Les vexations. — Cérémonies religieuses et profanes du xie au xviiie siècle. — Education des gentilshommes. — Les Chevaliers de la Vierge. — Folie féodale de l'amour. — Contradictions dans la vie sociale, dans les mœurs, dans la justice, dans l'intelligence et dans le cœur, dans la famille et dans la société. — Fautes et étonnantes obscurités du moyen âge. — Etc., etc. — *VII. Bibliographie du droit du seigneur.* — Le droit du seigneur, curiosité historique, devait avoir sa bibliographie ; elle est donnée aussi complète que possible.

LA ROSIÈRE DE SALENCY ET SES ÉQUIVALENTS CONTEMPORAINS. — Cérémonie vertueuse, antithèse. — Opinion du coutumier de 1770. — Récit de Mme de Genlis. — Eclaircissement sur la feste de la Rose à Salency. — Le livre de Sauvigny. — Le culte des rosières, etc.

La langue, comme au chapitre premier. — Absurde prétention de A. de Nerciat. — La phrase considérée comme une statuaire. — Les rigoristes, les conteuses du xviiie siècle. — Réflexions à propos de quelques droits du seigneur et de la rosière de Salency. — Delvau et ses appréciations sur les crudités littéraires. — La liberté de langage, etc.

LIBRAIRIE ANCIENNE ET MODERNE

ÉDOUARD ROUVEYRE, I, RUE DES SAINTS-PÈRES, PARIS

———

VIENT DE PARAITRE

CATALOGUE

DES

OUVRAGES, ÉCRITS ET DESSINS

DE TOUTE NATURE

POURSUIVIS, SUPPRIMÉS

OU

CONDAMNÉS

Depuis le 21 octobre 1814 jusqu'au 31 juillet 1877

Édition entièrement nouvelle, considérablement augmentée

SUIVIE DE LA TABLE

DES NOMS D'AUTEURS ET D'ÉDITEURS

Et accompagnée de Notes biographiques et analytiques

PAR

FERNAND DRUJON

Cet ouvrage forme un beau et fort volume grand in-8° de plus de 450 pages titre rouge et noir.

	Exemplaire sur papier vélin . . . 10 fr.	
50 {	Exemplaires sur grand papier vélin anglais. . (Numérotés de 1 à 50)	} *épuisé.*
10 {	Exemplaires sur papier de Chine . . . . . (Numérotés de 1 à 10.)	} *épuisé.*

LIBRAIRIE ANCIENNE ET MODERNE

ÉDOUARD ROUVEYRE, I, RUE DES SAINTS-PÈRES, PARIS

VIENT DE PARAITRE

NOTES D'UN CURIEUX

PAR

LE BARON DE BOYER DE SAINTE-SUZANNE

Un magnifique volume in-8° (428 pages),
papier vergé. . . . . 10 fr.

(Tirage à 300 exemplaires numérotés)

Lettre à un curieux de curiosités. — Les acteurs chez les Romains. — Les administrateurs sous l'ancien régime. — Les tapisseries tissées de haute et basse lisse. — Lettres inédites de Charles NODIER à Jean de Bry. — Dernière lettre du général A. DE BEAUHARNAIS.

Le livre de M. le baron de Boyer de Sainte-Suzanne, *Notes d'un Curieux*, a sa place marquée dans la bibliothèque d'un chercheur, et ce caractère se généralise ; la curiosité sous toutes ses formes reprend dans les esprits une place long-temps usurpée par les plaquettes et les romans en feuilletons, les incidents de la vie publique et les émotions du théâtre ; on revient au passé ; son étude, ardente et raisonnée, aussi analytique qu'amie sincère du groupement des faits, des idées, des relations et des nuances, se poursuit sur une vaste échelle ; de là des publications de premier ordre venant ajouter des richesses aux richesses acquises déjà, des lumières aux lumières projetées par la science, par l'observation, par les découvertes, par les fouilles consciencieuses opérées dans les collections d'Etat et dans les collections particulières ; — les *Notes d'un Curieux* brillent d'un vif éclat au milieu de ces trésors du passé, arrachés à la destruction par le génie contemporain de la recherche historique.

L'auteur parle une belle et forte langue ; nos

savants sont des écrivains, quelquefois des maîtres stylistes ; de cette façon, toutes les branches de la connaissance reçoivent un rayon, l'esprit scientifique s'enrichit, l'histoire s'anime, l'art grandit en s'épurant, le cœur vise plus haut, et la conscience plane en souveraine sur ces merveilles.

Un mot de Cousin, un mot qu'il faudrait graver en lettres de diamant sur fond d'or, sert d'épigraphe au livre : « *Etudions avec soin l'histoire de* « *notre pays ; appliquons-nous à le bien connaître ;* « *plus nous le connaîtrons, plus nous l'aimerons, et* « *l'amour donne tout : il donne la foi et l'espérance ;* « *il tourne en joie les sacrifices ; il enseigne la* « *constance et la modération ; il engendre l'union ;* « *il prépare la force.* »

Un livre sorti de cette magnifique pensée ne pouvait manquer de réaliser ses promesses ; aussi, dès la *Lettre à un curieux de curiosités* l'intérêt va grandissant ; — *les acteurs et le théâtre chez les Romains,* étude excellente sur l'art dramatique des anciens, où les savants trouveront encore à s'instruire, où les hommes du métier feront une ample moisson de remarques utiles ; — *L'inventaire du Cardinal Mazarin* (1661), remarquable document, même après la publication du duc d'Aumale, Londres, 1861, fait connaître plus à fond ce grand collectionneur, qui menait de front les choses de l'art et les affaires du royaume ; — *Les administrateurs sous l'ancien régime,* intéressants détails qui viennent s'ajouter aux pièces historiques et contrôler les factures, les méchancetés, les brocards qui inondèrent les ruelles aux deux derniers siècles ; — *Les tapisseries tissées de haute et basse lisse,* notes et documents sur l'art, l'histoire et l'industrie de la tapisserie, vue d'ensemble de la peinture sur laine, et glorification de notre manufacture des Gobelins ; — enfin de curieuses *Lettres inédites de Charles Nodier à Jean de Bry,* où l'on retrouve le goût, le savoir, le style, le charme du bibliothécaire de l'arsenal et la *Dernière lettre d'Alexandre Beauharnais à sa femme ;* — voilà ce livre ; il attache du *premier au dernier* chapitre : on le quitte pour le reprendre ; il fait le plus grand honneur à la ferme intelligence qui l'a écrit et à l'habile imprimeur qui lui a donné ses soins.

Pour paraître le 20 Décembre 1878

CONNAISSANCES NÉCESSAIRES

A UN

BIBLIOPHILE

Établissement d'une Bibliothèque. — Conservation
et Entretien des Livres. — De leur Format et de
leur Reliure. — Moyens de les préserver des
Insectes. — Des Souscriptions et de la Date. —
De la Collation des Livres. — Des Signes distinctifs des anciennes Editions. — Des Abréviations usitées dans les Catalogues pour indiquer
les Conditions. — De la Connaissance et de
l'Amour des Livres. — De leurs divers degrés de
Rareté. — Moyens de détacher, de laver et d'encoller les Livres. — *Procédés divers pour l'arrangement et la restauration des estampes et des
livres.* — Du dédoublage et du racommodage des
estampes. — Réparation de la dorure des anciennes reliures et de celle des manuscrits. — Réparations des piqûres de vers, des déchirures et
des cassures dans le parchemin et dans le papier.
— Procédé pour renouveler une estampe et la
transporter d'une feuille sur une autre. —
Moyen de rendre la fraîcheur aux estampes,
suivant le Père Orlandi.

PAR

ÉDOUARD ROUVEYRE

TROISIÈME ÉDITION

REVUE, CORRIGÉE ET AUGMENTÉE

Un magnifique volume in-8° couronne de
plus de 250 pages, imprimé sur papier

vergé, nombreux fleurons typographiques et lettres ornées, culs-de-lampe imprimés en couleur, titre rouge et noir. . . . . 5 fr.

Justification des tirages de luxe

4 exemplaires imprimés sur parchemin, numérotés de 1 à 4. . . . . 80 fr.

6 exemplaires imprimés sur papier du Japon, numérotés de 5 à 10 . . . . 40 fr.

10 exemplaires imprimés sur papier de Chine, numérotés de 11 à 20 . . . . 25 fr.

30 exemplaires imprimés sur papier Whatman, numérotés de 21 à 50 . . . . 12 fr.

TIRAGE IMPRIMÉ EN COULEUR

Fleurons, lettres ornées et culs-de-lampe en rouge minéral, texte en bleu flore.

50 exemplaires imprimés sur papier Whatman, numérotés de 51 à 100. 25 fr.

Ouvrage accompagné de 4 planches (19 impositions de divers formats), de cinq spécimens de papier (Japon, Chine, Whatman, Vergé, Teinté), de 3 planches de reliure (dont une double, donnant la reproduction d'une magnifique reliure rongée par les dermestes), et d'un tableau systématique des divisions et subdivisions bibliographiques.

CAPRICES
D'UN BIBLIOPHILE

PAR

OCTAVE UZANNE

500 exemplaires sur papier vergé de Hollande . . . . . .   5 fr.
50   —   —   Whatman, numérotés 1 à 50. épuisé.
10   —   —   de Chine numérotés de I à X. épuisé.
2   —   sur parchemin de choix . . . . épuisé.

Il a été tiré en outre 10 exemplaires sur papier de couleur non destinés
au commerce.

Beau volume in-8º écu de VIII et 154 pages, orné de jolis fleurons et culs-de-lampe spéciaux, d'un titre composé par Marius Perret et gravé par A. Bellenger, et d'une délicieuse eau-forte dessinée et gravée par Adolphe Lalauze.

Nous appelons d'une façon spéciale l'attention des amateurs et des libraires sur cet ouvrage de bibliographie badine, d'une allure vive et enjouée, et d'une verve toute humoristique. — Ce n'est plus de la bibliognosie aride, mais de la bibliophilie amusante et gaie. Voici les principaux titres des chapitres du livre : *Ma Bibliothèque aux enchères.* — *La Gent bouquinière.* — *Les Galanteries du sieur Scarron.* — *Le Quémandeur de Livres.* — *Le vieux Bouquin.* — *Le Libraire du Palais.* — *Un Ex-libris mal placé.* — *Les Quais en août.* — *Les Catalogueurs.* — *Simple coup-d'œil sur le Roman moderne.* — *Le Bibliophile aux champs.* — *Les Projets d'Honoré de Balzac.* — *Variations sur la reliure de fantaisie.* — *Restif de la Bretonne et ses biobligraphes.* — *Le Cabinet d'un éroto-bibliomane.*

LIBRAIRIE ANCIENNE ET MODERNE
ÉDOUARD ROUVEYRE, 1, RUE DES SAINTS-PÈRES, PARIS

IDÉE SUR LES ROMANS

PAR

D.-A.-F. DE SADE

Publiée avec préface, notes et documents inédits

PAR

OCTAVE UZANNE

Un joli volume in-12 d'environ 105 pages, titre rouge et noir, couverture illustrée, imprimée en rouge et en noir, sur papier reps anglais, vignettes et culs-de-lampe spéciaux, dessinés par Marius PERRET.

500	exemplaires imprimés sur papier vergé à la forme.								4 fr.
1	»	»	»	papier de couleur.	N°	1			
4	»	»	»	parchemin . . .	Nos	2 à	5	50 fr.	
10	»	»	»	papier du Japon .	Nos	6 à	15	20 fr.	
20	»	»	»	papier de Chine .	Nos	16 à	36	12 fr.	
65	»	»	»	Turkey-Mill . . .	Nos	35 à	100	8 fr.	

C'est la première fois que ce curieux traité sur le roman, dû à une plume tristement célèbre, est réimprimé. On est à la fois surpris et étonné de trouver dans le MARQUIS DE SADE une opinion aussi honnête, un jugement aussi sain que celui qui préside à la rédaction de cet ouvrage. On y voit cet infâme scélérat s'apitoyer sur *Manon Lescaut*, conspuer Restif de la Bretonne, exalter Boufflers, Mmes de Lafayette et Riccoboni, caresser Voltaire et Rousseau, déployer une érudition qui frappe et des théories qui trahissent l'écrivain par instants, et se défendre avec énergie d'être l'auteur de *Justine*, le roman immonde qui lui est attribué.

M. Octave UZANNE, dans une intéressante préface, passe en revue la vie de ce monstre célèbre pour s'attarder et en retracer entièrement l'œuvre par dates et éditions; c'est la plus complète bibliographie du *Joli Marquis* qui ait été donnée jusqu'alors. M. Octave UZANNE a audacieusement bravé *une liaison dangereuse* en attachant son nom à cette publication; la façon délicate dont il s'en est tiré et son excellent travail ne font qu'ajouter à l'intérêt de l'ouvrage lui-même.

Vient de paraître. — Envoi gratis et franco.

Le Bouquiniste Parisien

CATALOGUE MENSUEL

DE

LIVRES ANCIENS

ET MODERNES

QUI SE TROUVENT EN VENTE AUX PRIX MARQUÉS

A LA

Librairie Édouard ROUVEYRE

1, rue des Saints-Pères, 1

PARIS

ACHAT — ÉCHANGE — VENTE — EXPERTISE

Histoire des Religions, Sciences occultes, Mnémonique, Beaux-Arts, Musique, Linguistique, Théâtre, Géographie ancienne et moderne, Histoire des villes et des anciennes provinces de France, Noblesse, Archéologie, Bibliographie, Histoire de l'Imprimerie, Céramique, Histoire de France, etc.

Livres curieux et singuliers.

Suite de figures pour servir à l'illustration des livres.

Anciennes vues de villes de France, par Chastillon, Silvestre, etc.

MM. les Amateurs avec lesquels nous avons l'honneur d'être en relation sont priés de nous communiquer les noms et adresses des personnes que nos catalogues peuvent intéresser.

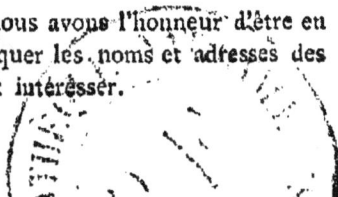

www.ingramcontent.com/pod-product-compliance
Lightning Source LLC
Chambersburg PA
CBHW072146270326
41931CB00010B/1911